东大哲学典藏·萧焜焘文丛

辩证法史话

萧焜焘 著

2018年·北京

图书在版编目（CIP）数据

辩证法史话 / 萧焜焘著. — 北京：商务印书馆，2018
（萧焜焘文丛）
ISBN 978-7-100-16589-1

Ⅰ. ①辩… Ⅱ. ①萧… Ⅲ. ①辩证法－哲学史 Ⅳ. ①B1

中国版本图书馆CIP数据核字（2018）第203676号

权利保留，侵权必究。

（萧焜焘文丛）
辩证法史话
萧焜焘 著

商 务 印 书 馆 出 版
（北京王府井大街36号　邮政编码100710）
商 务 印 书 馆 发 行
三河市尚艺印装有限公司印刷
ISBN 978-7-100-16589-1

2018年10月第1版　　开本 640×960　1/16
2018年10月第1次印刷　印张 12 1/4　插页 2

定价：60.00元

未敢忘却的记忆

萧焜焘先生离开我们已经二十年了。也许,"萧焜焘"对当今不少年轻学者甚至哲学界部分学者来说是一个有点陌生的背影;然而,对任何一个熟悉当代中国学术史尤其是哲学发展史的学者来说,这却是一个不能不令人献上心灵鞠躬的名字。在学术的集体记忆中,有的人被记忆,或是因为他们曾经有过的活跃,或是因为他们曾经占据的那个学术制高点,当然更有可能是因为他们提出的某些思想和命题曾经激起的涟漪。岁月无痕,过往学者大多如时光映射的五色彩,伴着物转星移不久便成为"曾经",然而每个时代总有那么一些人,他们沉着而不光鲜,沉潜而不夺目,从不图谋占领人们的记忆,但却如一坛老酒,深锁岁月冷宫愈久,愈发清冽醉人。萧焜焘先生的道德文章便是如此。

中国文化中诞生的"记忆"一词,已经隐含着世界的伦理真谛,也向世人提出了一个伦理问题。无论学人还是学术,有些可能被"记",但却难以被"忆",或者经不住"忆"。被"记"只需要对神经系统产生足够的生物冲击,被"忆"却需要对主体有足够的价值,因为"记"是一种时光烙印,"忆"却是一种伦理反刍。以色列哲学家阿维夏伊·玛格利特提出了一个严肃的问题:"记忆的伦理"。它对记忆提出伦理追问:在被称为"灵魂蜡烛"的记忆共同体中,我们是否有义务记忆某些历史,同时也有义务忘却某些历史?这个命题提醒我们:记忆不只是一个生理事件,也是一个伦理事件;某些事件之所以被存储于记忆的海马区,本质上是因为它们的伦理意义。记忆,是一种伦理情怀或伦理义务;被记忆,是因其伦理贡献和伦理意义。面对由智慧和心血结晶而成的学术史,我们不仅有记忆的伦理义务,而且也有唤醒集体学术记忆的伦理义务。

我对萧先生的"记"是因着本科和研究生两茬的师生关系,而对先生那挥之不去的"忆"却是超越师生关系的那种出于学术良知的伦理回味。四十年的师生关系,被1999年元宵节先生的猝然去世横隔为前后两个二十年。前二十年汲取先生的学术智慧,领略先生的人生风采;后二十年在"忆"中复活先生的精神,承续先生未竟的事业。值此先生书稿再版之际,深感自己没有资格和能力说什么。但经过一年的彷徨,又感到有义务说点什么,否则便缺了点什么。犹豫纠结之中,写下这些文字,姑且作为赘语吧。

萧先生对于学术史的贡献留待时间去写就。当下不少学者太急于将自己和对自己"有意义的他人"写进历史,这不仅是一种不智慧,也是一种不自信。我记住了一位历史学家的告诫:历史从来不是当代人写的。学术史尤其如此。我们今天说"孔孟之道",其实孟子是在死后一千多年才被韩愈发现的,由此才进入人类学术史的集体记忆;要不是被尘封的时间太久,也不至于今日世人竟不知这位"亚圣"的老师是谁——这个问题如此重要,以至于引起了"不知孟子从哪里来"的现代性的困惑。朱熹、王阳明同样如此,甚至更具悲剧色彩,因为他们的思想生前都被视为"伪学",百年之后方得昭雪,步入学术史的族谱。我不敢妄断先生在未来学术记忆中的位置,因为学术史上的集体记忆最终并不以任何人的个体记忆为转移,它既考量学者对学术的伦理贡献,也考量学术记忆的伦理,这篇前言性的文章只是想对先生的学术人生或道德文章做一个精神现象学的还原：萧焜焘是一个"赤子"，他所有的学术秉持和学术成就，他所有的人生成功和人生挫折，都在于一个"真"字；不仅在于人生的真、学术的真，而且在于学术和人生完全合而为一的真。然而正如金岳霖先生所说，"真际"并非"实际"，学术和人生毕竟是两个世界，是存在深刻差异的两个世界，否则便不会有"学术人生"这一知识分子的觉悟了。先生年轻时追随现代新儒学大师牟宗三学习数理逻辑，后来专攻马克思主义哲学，又浸润于德国古典哲学尤其是黑格尔哲学，是国内研究黑格尔哲学的几位重要的代表性前辈之一。先生治学，真实而特立，当年毛泽东论断对立统一规律是唯物辩证法的核心，先生却坚持否定之否定规律是辩证法的核心，这就注定了他在"文革"中的命运。但是1978年我们进校师从先生学哲学时，他在课堂上还是大讲"否定之否定"的"第一规律"。当年，《中国社会科学》杂志复刊，约他写稿，先生挥笔写就了他的扛鼎之作《关于辩证法科学形态的探索》，此时先生依然初心不改，坚持当初的观点。萧先生是最早创立自然辩证法（即今天的科技哲学）学科的先驱者之一，但他首先攻克的却是"自然哲学"，建立起自然哲学的形上体系。直至今日，捧着这本当代中国学术史上最早的《自然哲学》，我们依然不能不对他的抱负和贡献满怀敬意。他试图建立"自然哲学—精神哲学—科学认识史"的庞大哲学体系，并且在生前完成了前后两部。遗憾的是，"精神哲学"虽然已经形成写作大纲，并且组建了研究团队，甚至已经分配好了学术任务，先生却突然去世，终使"精神哲学"成为当代中国学术史上的"维纳斯之臂"。

萧先生对东南大学百年文脉延传的贡献可谓有"继绝中兴"之功，这一点所有东大人不敢也不该忘记。自郭秉文创建东南大学起，

"文"或"秉文"便成为东大的脉统。然而1952年院系调整，南京大学从原校址迁出，当年的中国第一大学便只留下一座名为"南京工学院"的"工科帝国"。1977年恢复高考，萧先生便在南京工学院恢复文科招生，第一届规模较小，第二届招了哲学、政治经济学、中共党史、自然辩证法四个专业。我是七八级的。我们那一年高考之后，招生的批文还没有下发，萧先生竟然做通工作，将我们46位高分考生的档案预留，结果在其他新生已经入校一个多月后，我们的录取通知才姗姗来迟，真是让我们经受"烤验"啊。然而，正是这一执着，才使东大的百年文脉得以薪火相传。此后，一个个文科系所、文科学位点相继诞生。可以毫不夸张地说，萧先生是改革开放以后东大百年文脉延传中最为关键的人物，如果没有先生当年的执着，很难想象有今日东大文科的景象。此后，先生亲自给我们讲西方哲学，讲黑格尔哲学，讲自然辩证法，创造了一个个令学界从心底敬重的成果和贡献。

1988年以后，我先后担任先生创立的哲学与科学系的副系主任、主任；先生去世后，担任人文学院院长。在随后的学术成长和继续创业的历程中，我愈益感受到先生精神和学术的崇高。2011年，我们在人文学院临湖的大院竖立了先生的铜像，这是3700多亩东大新校区中的第一尊铜像。坦率地说，冒着有违校纪的危险竖立这尊铜像，并不只是出于我们的师生之情。那时，东大已经有六大文科学院，而且其中四个学院是我做院长期间孵化出来的。东大长大了，东大文科长大了，我强烈地感到，我们还有该做的事情没有做，我们还有伦理上的债务没有还，趁着自己还处于有记忆能力的年龄，我们有义务去唤起一种集体记忆。这是一种伦理上的绝对义务，也是一种伦理上的绝对命令，虽然它对我们可能意味着某些困难甚至风险。在东大哲学学科发展的过程中，我们曾陆续再版过先生的几本著作，包括《自然哲学》，但完整的整理和再版工作还没有做过。由于先生的去世有点突然，许多事情并没有来得及开展。先生生前曾经在中国人民大学宋希仁教授的建议和帮助下准备出版文集，但后来出版商几经更换，最后居然将先生的手稿和文稿丢失殆尽，造成无可挽回的损失。这不仅是先生的损失、东大的损失，也是中国学术的损失。最近，在推进东大哲学发展、延续东大百年文脉的进程中，我们再次启动完整再版先生著作的计划。坦率地说，所谓"完整"也只是一个愿景，因为有些书稿手稿，譬如先生的"西方哲学史讲演录"，我们未能找到，因而这个对我们的哲学成长起过最为重要的滋养作用的稿子还不能与学界分享。

这次出版的先生著作共六本。其中，《自然哲学》、《科学认识史论》是先生组织大团队完成的，也是先生承担的全国哲学社会科学重大项目的成果。《精神世界掠影——黑格尔〈精神现象学〉的体系与方法》（原名《精神世界掠影——纪念〈精神现象学〉出版180周年》）、《从黑格尔、费尔巴哈到马克思》是先生在给我们讲课的讲稿的基础上完成的。《辩证法史话》在相当程度上是先生讲授的历时两学期共120课时的西方哲学史课程的精华，其内容都是先生逐字推敲的精品。《自然辩证法概论新编》是先生组织学术团队完成的一本早期的教材，其中很多作者都与先生一样早已回归"自然"。依现在的标准，它可能存在不少浅显之处，但在当时，它已经是一种探索甚至是某种开拓了。在这六本先生的著作之外，还有一本怀念先生的文集《碧海苍穹——哲人萧焜焘》，选自一套纪念当代江苏学术名家的回忆体和纪念体丛书。现在，我们将它们一并呈献出来，列入"东大哲学典藏"，这样做不只是为了完成一次伦理记忆之旅，也不只是向萧先生献上一掬心灵的鞠躬致意，而且也是为了延传东大的百年文脉。想当年，我们听先生讲一学期黑格尔，如腾云驾雾，如今我居然给学生讲授两学期 120 课时的《精神现象学》与《法哲学原理》，并且一讲就是十五年；想当年，先生任东大哲学系主任兼江苏省社会科学院副院长，如今我也鬼使神差般在江苏社会科学院以"双栖"身份担任副院长，并且分管的主要工作也与先生当年相同。坦率地说，在自我意识中完全没有着意东施效颦的念头，这也许是命运使然，也许是使命驱动，最可能的还是源自所谓"绝对精神"的魅力。

"文脉"之"脉"，其精髓并不在于一脉相承，它是文化，是学术存续的生命形态。今天已经和昨天不一样，明天和今天必定更不一样，世界日新又新，唯一不变、唯一永恒、唯一奔腾不息的是那个"脉"。"脉"就是生命，就是那个作为生命实体的、只能被精神地把握的"伦"，就是"绝对精神"。"脉"在，"伦"在，生命在，学术、思想和精神在，直至永远……

樊　浩

2018 年 7 月 4 日于东大舌在谷

目 录

导 引 ... 1

一 白云深处
　　——古希腊神话的认识论意义 ... 9

二 爱琴海的波涛
　　——米利都学派的辩证发展 ... 14

三 神秘的数学家
　　——毕达哥拉斯学派辩证思维的萌芽 ... 20

四 宇宙实体的探求者
　　——埃利亚学派唯心论中的论辩机智 ... 24

五 深邃的哲学沉思
　　——赫拉克利特的自我探求 ... 30

六 怀疑与诡辩
　　——普罗泰哥拉斯辩论术的变迁 ... 34

七 古希腊的"圣人"
　　——苏格拉底的诘难 ... 38

八　理想国的哲王
　　——柏拉图的唯心辩证法 ... 41

九　帝王之师
　　——亚里士多德的生命辩证法 ... 48

十　黑暗中的黎明
　　——中世纪信仰与理性的斗争 ... 55

十一　知识就是力量
　　——培根揭开哲学的新篇章 ... 59

十二　我思故我在
　　——近代哲学的始祖笛卡儿 ... 63

十三　特种的灵魂
　　——莱布尼茨"单子论"中自己运动的原则 ... 68

十四　矛盾的结晶
　　——法国启蒙思想家卢梭 ... 73

十五　为真理和正义献身的人
　　——法国唯物论代表狄德罗 ... 78

十六　哲学的故乡
　　——德国古典哲学的形成 ... 82

十七　抽象的哲人
　　——康德的二律背反 ... 85

十八　理性的挣扎
　　——费希特与谢林的辩证公式 ... 90

十九　精神的生长
　　——黑格尔哲学的真正起源和秘密 ... 94

二十　燃烧吧！概念
　　——黑格尔《逻辑学》之一 ... 113

二十一　概念在两极对流中浮动
　　　　——黑格尔《逻辑学》之二 ... 118

二十二　概念的圆圈形运动
　　　　——黑格尔《逻辑学》之三 ... 127

二十三　伟大的转折
　　　　——从黑格尔、费尔巴哈到马克思 ... 134

二十四　金星闪耀　大地生辉
　　　　——马克思唯物辩证法的诞生 ... 143

二十五　深入迷宫　将军探宝
　　　　——恩格斯对唯物辩证法的贡献 ... 158

二十六　伯尔尼攻关
　　　　——列宁对唯物辩证法的探索 ... 171

写完以后 ... 184

导　引

　　我们即将漫游的这个地域，距离我们是如此地遥远，追索的历史是如此地悠长。在这个地域之上人类思维的历史发展便是我们行将涉猎的主题。这个地域，就是西欧。西欧是西方文明的发祥地。那里两千多年的文化传统，群星灿烂的思想巨人，硕果累累的哲学、科学、文学成就，开拓了人类向更高目标前进的道路。西欧的历史与文化传统，孕育了马克思和恩格斯的卓越的辩证法思想。

　　马克思学说，特别是他的辩证法，是西欧两千多年辩证思维历史发展的科学成果。它的科学真理性及革命威力已为历史及现实的斗争所证明。要想对马克思的辩证法有深刻的理解并能正确地运用，就必须透彻了解西欧的文明、哲学以及辩证思维发展的历史线索。

　　人类的理论思维有其漫长的历史发展过程。一种意识形态、一种思想形式与当时的经济、政治、文化等状况密切相关。脱离了这一背景，孤立的"形态"、抽象的"形式"是无法理解的。作为意识与思想表现的范畴与规律，在一种特定的历史文化传统下，在特定的概念理论系统中，都有其确定不移的含义。因此，我们必须有历史辩证发展的观点，才能掌握马克思辩证法的基本精神。

　　意识形态、思想形式、范畴规律一旦在现实的基础上形成，它就取得了相对独立发展的权利。那就是说，它的逻辑结构、理论内容有其前后相继的自身发展过程。尽管它们自身是抽象的，但它们之间的联系、过渡、转化却是现实的。不要以为，研究思维自身的前进运动，不过是一种脱离实际的概念游戏。恰好相反，正由于它抓住了客观事物的本质属性，掌握了客观联系的必然规律，因而能够从整体上科学地把握住这个客观世界，达到对这个世界的真理性的认识，从而成功地改造这个世界，以利于人类的生存与发展。因此，我们只有善于进行概念系统逻辑结构的历史分析，才能切实领会马克思辩证法的理论内容。

马克思辩证法不是死板的教条、僵化的公式。据说拉普拉斯想通过数学的计算找出一个能预知宇宙一切的万能公式，这当然是徒劳的。我们想在辩证思维领域制定一个万应模式，发布一道无上命令，不但是徒劳的，而且是荒谬的。因为这种主观妄想正是辩证思维的对立物。辩证法的真正掌握，主要表现在辩证思维的能力得到锻炼与加强，如能达到"随心所欲不逾矩"的程度，就能在实践中心随物转、游刃有余、日臻化境。要达到这样一个境界，熟背那些人所周知的辩证法条文是无济于事的。那样，越学距离辩证法就越远。恩格斯早就告诉过我们，要想锻炼理论思维的能力，除了学习以往的哲学，没有其他的道路。这就是说，要学习哲学史。所谓哲学史，列宁讲，就是人类的思想认识的历史。因此，我们必须从哲学史的探讨着手，才能历史地动态地追踪辩证思维的行程，使自己的思维能力获得提高，从而透彻了解马克思辩证法的历史继承性与进一步发展的趋向性。

马克思辩证法既然是西欧社会、文化、辩证思维的历史发展的产物，那么，只有从它的历史进程中，深入那"思维自旋"的涡流里，亲身体会辩证思维波涛的激荡，才能具体把握马克思主义辩证法的真谛。

西欧辩证思维的前进运动，可以追溯到公元前六世纪的古希腊。古希腊辩证思维的发展是西欧辩证思维发展的第一个历史形态。

米利都学派本身的哲学内容，没有多少辩证法。但是这个学派自身的发展，从泰勒斯到阿拉克西美尼学说的变迁，却正好经历了一个辩证发展过程，即从具体（水）到抽象（无定形）复归于具体（气）的否定之否定过程。这一阶段可以视为辩证思维的自在或自发状态。

毕达哥拉斯学派的出现，是古希腊辩证思维萌发的标志。从毕达哥拉斯到柏拉图，他们从数量与型式出发，揭示了辩证法的理论内容，这是一种向外追索的辩证法。所谓向外追索，就是将辩证法作为一个我以外，即主体以外的抽象的"客观对象"加以研究。这是最早出现的较为完备的客观唯心的辩证法，但是其中包含了不少合理的内容。它代表古希腊辩证思维自身发展的肯定阶段。

赫拉克利特从探求我自己出发，他不停留在思维的客观对象上，进而研究思维自身，即把思维自身同时作为思维的对象，探讨反映客观的思维的辩证运动。这样就使辩证法的研究更加全面而深入了。赫拉克利特的辩证法，基本上是一种向内反思的辩证法。所谓向内反思，就是研究客观事物在思维中的映象，就是考察作为客观事物映象的思维产物，从而探讨思维活动的辩证行程。赫拉克利特辩证法以其全面性与深刻性为黑格尔和马克思所称道。它代表古希腊辩证思维自身发展的否定阶段。

恩格斯指出："古希腊的哲学家都是天生的自发的辩证论者，他们中的最博学的人物亚里士多德就已经研究了辩证思维的最主要的形式。"（《马克思恩格斯全集》第20卷，第22页）他还说："辩证法直到现在还只被亚里士多德和黑格尔这两个思想家比较精密地研究过。"（《马克思恩格斯全集》第20卷，第383页）因此，在古希腊，对亚里士多德辩证法的探讨是极为重要的。

亚里士多德从自然生命现象出发，从生物学的研究着手，从客观存在的生长过程中抽象出辩证法的基本原则，即"生长原则"，达到了与从数学、抽象思维出发而获得的辩证法的基本原则相同的结论。这个原则就是否定原则。与那种抽象的思辨研究相比，亚里士多德关于辩证思维探讨的出发点，明显地是唯物的。他对辩证法的客观的科学内容进行了实质性的论述。他的辩证法，既不止于静态的抽象分析，也不尽是智慧灵感的闪光，而是从自然、思维的发展中总结出来的科学结论。它体现了外与内的结合、客观与主观的结合、自然与生命的结合。亚里士多德的辩证法才是古希腊辩证思维的"辩证综合"，这样就使得辩证法具有了原始的科学形态。流行的不确切的说法，将它叫作所谓"朴素形态"。亚里士多德辩证法是古希腊"朴素"辩证法无可争辩的代表。亚里士多德辩证法的光辉，由于中世纪经院哲学的污染，以及对他的哲学与辩证法巨著《工具论》片面的狭隘的形而上学的理解，有点黯然失色了。因此，挖掘亚里士多德辩证法的宝藏，仍然是我们研究辩证法历史发展的重要课题。亚里士多德辩证法是古希腊辩证思维自身发展的否定之否定、复归于肯定的阶段。

西欧辩证思维发展的第二个历史形态是以黑格尔为代表的唯心的概念辩证法。

中世纪的封建宗教神权统治窒息了人类理性思维活动。信仰代替了思想，宗教践踏着哲学，神奴役着人。神在精神上世俗上的绝对的专横统治达到了顶点。然而，物极必反，这个统治的崩溃，赢来了人性的觉醒。求实态度的确立，使人面向现实，开发自然、研究社会；怀疑精神的出现，是人类思维积极探索的结果，说明人类理性思维的复苏，预示着科学形将萌芽和茁壮成长的前景。此时，知识空前分化，实证科学分门别类建立，有如雨后春笋。

知识的分化，意味着对世界的综合整体认识的背离，但是它同时又开拓了知识进一步向纵深展开的新领域，成了再度辩证综合、复归于整体认识的必要的前提。

黑格尔从唯心的思辨的角度，颠倒地看到了这一综合趋势，即通过分化再度要求综合，科学的局部研究复归于科学的整体化的趋势。他集前人的哲学智慧与科学成就的大成，创造了实际上充满现实内容的概念辩证法体系，即唯心的思辨形态的辩证法。

对黑格尔辩证法研究的必要性，马克思、恩格斯、列宁反复强调过，而且他们亲自进行了认真的实践。但是，在以往的历史条件下，由于种种原因，或者是由于它艰深晦涩不堪卒读；或者是由于对它断然否定而加以弃置；或者是由于怕担风险招来不测之灾；……因此，不能认为我们关于黑格尔辩证法的研究工作已经做得很够了。应当知道，我们如果不决心吞下黑格尔这颗"苦丸"，就不能像嫦娥奔月那样飞升，真正达到那人类辩证思维的高峰——马克思的辩证法。

西欧辩证思维发展的第三个历史形态是以马克思为代表的唯物的否定性辩证法。只有唯物的否定性辩证法才能科学地对自然、历史和思维的发展进行真正的辩证综合。这个"辩证综合"的人类的伟大事业，随着无产阶级变革旧世界的斗争，业已渗透到各个领域之中，并取得极其辉煌的成功。例如，马克思在经济领域使用辩证法所取得的无与伦比的成就，甚至使得他的论敌也只有在批判马克思的同时抄他一点东西，才可超过庸俗的自由贸易派。至于在政治与革命方面所取得的成功，我们中国共产党人就更有切身体会了。中国革命的胜利，也可以说是马克思主义辩证法的胜利。马克思主义辩证法是辩证法的"现代科学形态"。

马克思主义辩证法并不是停滞不动的,也不可能停滞不动。随着时日的推移,自然、历史、思维的继续发展,它也有其自身发展的历程。

西欧辩证思维历史发展的成果是马克思主义辩证法的产生。它自身的辩证运动,也就是"思维的自旋"。

"**原始科学形态—唯心思辨形态—现代科学形态**"这个"**思维的自旋**",即辩证思维自身的圆圈形运动,用它的代表人物来表示就是:

"亚里士多德—黑格尔—马克思"
用他们的代表著作来表示就是:

"《工具论》—《逻辑学》—《资本论》"

这就是我们关于辩证法的一个简单粗略的历史分析,也是本书结构的理论与逻辑线索。

我们历来是提倡马克思主义辩证法的,但是,为什么有一段时间竟落得一个"唯心主义猖獗、形而上学横行"呢?这是值得深思的。

当然,原因是极端错综复杂的,真是"一言难尽"!我不可能对此做出全面的恰当的分析。但是,有三点是我深有感触的。第一,研究哲学的态度;第二,如何对待历史上的形而上学及唯心主义体系,第三,言行一致、贯彻始终问题。

青年马克思在准备他的博士论文时,收集了大量的关于伊壁鸠鲁等人的资料,并加以评注。在这些评注中,有这样一句话:"哲学研究的首要基础是勇敢的自由的精神。"(《马克思恩格斯全集》第40卷,第112页)这句话讲得好!马克思当时如若迷信权威,就不可能跳出黑格尔那思辨之线织成的网兜,顶多成为鲍威尔、施蒂纳之流的难兄难弟；马克思如若墨守成规，就不可能排除俗见，大胆地从黑格尔的网兜之中取出那颗辩证法的珍珠；马克思如若没有为真理而献身的精神，就不可能坚持真理、捍卫真理，只能玩弄一些关于辩证法的概念与机巧而流于虚夸与诡辩，因而也就不可能在实践中坚持辩证法的原则。因此，哲学研究的勇敢的自由的精神不可丢。

在如何对待历史上的唯心主义和形而上学的问题上，马克思、恩格斯、列宁是我们学习的榜样。对这些不能简单地抛弃，粗暴地骂倒，而应该采取批评的也就是分析的态度。他们对待黑格尔的态度就是抛弃其神秘的唯心主义外壳，吸收其辩证法的精华；对费尔巴哈则是批判其形而上学的糟粕，抓住其唯物主义的观点。他们从来不采取绝对地否定一切或肯定一切的态度。

事实上，唯心主义也并非完全胡说，列宁说，它乃是人类的活生生的认识之树上一朵不结果实的花，它既有合理的因素可供我们吸收，又有荒谬的论点可资我们借鉴。恩格斯也讲过，形而上学的方法是片面夸大了知性思维方法，即形式逻辑的作用范围而导致谬误的。其实，知性思维方法、形式逻辑，在日常生活范围内仍然是有效的、起作用的，而且它也是向辩证思维过渡的一个不可缺少的中间环节。因此，我们如若把它们与唯物辩证法绝对对立起来，就反而使自己陷入了唯心主义和形而上学的泥坑。

普列汉诺夫曾经说过："只有具有彻底的思想的人才能在其活动中始终如一。既然我们想要成为已经登上历史舞台的最革命的阶级的代表，就一定要彻底，否则就有背叛我们的事业的危险。"马克思主义原则的彻底性是必须坚持的，可惜连普列汉诺夫自己仍不免半途而废。恩格斯指出，马克思提出的这个伟大的基本思想，由于深入人心，未必有人公开反对了。"但是，口头上承认这个思想是一回事，把这个思想具体地实际运用于每一个研究领域，又是一回事。"

(《马克思恩格斯选集》第4卷，第240页）这就是说：必须言行一致，表里一致，坚持原则，贯彻始终。这一问题关系到背叛与否的问题，是头等大事，必须认真记取。

  我希望在我下面的论述中，能努力做到：坚持无私的勇敢精神、辩证的历史方法、彻底的科学态度。但是，这是自己的愿望，未必能实现。因此，我预先祈求同志们的帮助。

一 白云深处
——古希腊神话的认识论意义

希腊东北部有一座举世闻名的高山,那就是奥林匹斯。白云深处有"神"家!相传奥林匹斯便是众神的住所。

优美动人、寓意深远、充满人情的希腊神话,差不多都与奥林匹斯相关。希腊神话是古希腊人对我们这个世界直观的幻想的反映。别看它荒诞不经,其中却包含了日后客观地、辩证地认识这个世界的萌芽。因此,希腊神话不但给人以美的享受,而且也可以启迪人们进行哲学思考与科学探讨。

古老的东方文明哺育了希腊人。希腊人既接受了东方的科学文化知识,也接受了东方的原始宗教观念和对神的崇拜。但是神远远没有得到在东方那样的尊严。在东方,它们是那样地至高无上、圣洁无瑕!那个象征埃及神王哈佛拉的巨大狮身人面像,在希腊人眼中变成了与人为敌的女妖。神在希腊被人性化了,他们和人一样有其优点与缺点,有其悲欢离合的身世。奥林匹斯众神其实是希腊人思想、感情与生活的写照。

由于远古人类生产劳动水平极端低下,理论思维的能力也非常贫乏的,因此,不可能科学地解释客观现象,不可能对客观现象做出适当的哲学概括。神话的创造,反映了原始人类的认识水平。希腊神话是与希腊原始社会相适应的。

古希腊人创造的神和东方埃及诸国的神不同，却有点类似中国的《封神榜》所描绘的神仙世界。那个神仙世界是人类世界的虚幻反映。奥林匹斯的神仙们各有其独特的性格与行为，他们之间也有善与恶的斗争，有高尚的意识，有正义的呼声，有缠绵的爱情，也有仇恨的厮杀。

古希腊人根据其自身的生活，借助于东方的文明，点点滴滴地进行着关于神话的创造，使神话逐渐趋向于系统化。古希腊人对天、地、海洋等一系列自然现象，亲切地赋予人形与人性，使他们也同人一样，通过婚姻妊娠关系，结成父母、夫妻、兄弟、姐妹等各种姻亲。

原始人类最切近的感受，是他们的情欲。谋生与接代，是他们在这个世界面临的首要问题。远古人类所讴歌的正是食色刺激所引起的"激情状态"。他们把这种激情尊奉为神。因此，所谓激情状态就意味着神进入崇拜者的体内，使他确信自己与神合而为一。这就是说，远古人类将自己的激情客观化，将其奉为神灵。因此，当他激情勃发时，他就认为神灵附体了。这个激情的化身便是著名的酒神。酒神译音为"帕卡斯"或"狄俄尼修斯"。帕卡斯神为色雷斯人所首创，被希腊人所因袭。色雷斯属于蛮族，因而帕卡斯也就具有野蛮剽悍的气质。帕卡斯的信徒们结伙进入荒山野泽之中，撕裂野兽，茹毛饮血，彻夜纵酒狂欢。他们的肉体进入沉醉状态，精神进入一种超世绝俗、扑朔迷离的梦幻境界。帕卡斯也是父母所生，一说他为西弥丽所生，一说他从他父亲宙斯的大腿中出世。当然，这些讲法都是不可信的。

从激情出发，讴歌性爱、崇拜生殖性能构成原始神话宗教的共同特点。于是塞浦路斯的爱情女神阿芙洛蒂便到奥林匹斯安了家，成了人们最为迷恋的一位女神。后来她到了罗马,改名维纳斯。现在残留下来的她的那尊雕像,那断肢曲身的婀娜多姿的倩影,是多么能触发人们的缱绻情思啊!

阿芙洛蒂的出生故事十分动人。宙斯的父亲克洛诺斯将自己父亲乌拉诺斯的肢体投入茫茫的沧海,激起了推向远方的层层海浪,海浪的中心升起了白莲式的泡沫,它冉冉腾空,白莲花蕊中诞生了美丽的阿芙洛蒂。这是多么美妙的构思啊!当然,你可以说这是奇迹。奇迹当然缺乏客观真实性,它不过是精神违反自然过程、抛弃自然规律的一种主观想象。但有时这些荒唐的故事却正是人们在特定情境中的主观需要。设想一下,当你伫立在一望无际的碧海之滨,或波涛汹涌、白浪翻腾,或水光粼粼、涟漪阵阵,在这万分肃穆而又生意盎然的仙境之中,你看到一个金发垂肩、轻纱飘逸的绝代佳人从浪中升起,飞向那白云深处的山峰,这不正是人间的爱与美的体现吗?把这个情景作为爱情之神诞生的特定环境,是恰如其分的,它有情感的依据,因而具有艺术的真实性。

希腊著名的史诗作者赫希阿德歌唱道:

> 她设计的众神之中的第一位便是"爱"。
> 混沌一片乃万物的始初状态,
> 然后是具有广阔胸怀的大地,
> …………
> 而爱在众神之中最为优异。

爱神成了人类美好生活与幸福的象征。但是,美好幸福的人生不能没有物质保证。火是人类生活进入文明世界的决定性的物质。希腊人怀着崇敬感激的心情,塑造了一位窃取天火、造福人类的伟大的神灵。他就是著名的普罗米修斯。

宙斯这位众神之王,其实是人间暴力的幻影。他拒绝加泽于人类,严禁给予人类导致文明的火种。普罗米修斯摘取了一枝木本茴香,在太阳车那里接取了火种,降到丛林燃起了熊熊的火柱。这样人类赢得了文明,而普罗米修斯却被宙斯派遣他的儿子拖到高加索斯库拉亚的荒原,被笔直地吊立在悬岩绝壁之间。这个故事寓意是深刻的:宙斯正是"人间暴力"的幻影,是凶残、独断、荒淫、无耻的化身;而普罗米修斯则闪耀着正义的光辉,是一位造福人类、自我牺牲的伟大英雄。这个完美的典型始终激励人类不断向上、舍己为人。

还有该亚,她是大地的化身,是哺育人类的母亲。如赫希阿德所歌唱的,她具有广阔的胸怀,无私地仁慈地抚养着人类的子子孙孙。

这些富有魅力的神话人物的创造,反映了原始人类对世界、人生的认识。因此,希腊神话具有认识论上的意义。原始人类的精神状态是以情为主的,理性思考十分薄弱。情欲燃起了激情,激情归结到性爱,性爱突出了母亲的伟大形象,火带来了人类进入文明社会的希望。而那众神之王,实际上是自然与社会所施加给人类的压力的象征。

情、爱、地、火,即帕卡斯、阿芙洛蒂、该亚、普罗米修斯,成了古希腊人最亲切可爱的神灵。这些差不多都成了以后古希腊哲学与文学的素材。

神话一方面因为它具有认识论上的意义,因而它的否定形式的出现,就是科学技术与哲学智慧的产生;另一方面因为它又是人类在无法克服异己力量时的一种感情上的慰藉,因而它也变成了宗教信仰的素材。

所以，智慧与信仰同源而分流。智慧导致科学和哲学的产生，信仰导致宗教的建立。但信仰不能绝对地说成是反科学、反哲学的。信仰而流于迷信才是与科学、哲学不相容的，一般有根据的、合理的信仰有时反而可以成为科学与哲学探索研究的动力，成为捍卫真理的不可动摇的决心。

二 爱琴海的波涛
—— 米利都学派的辩证发展

奥林匹斯山俯瞰下的古希腊才是白云深处众神真正的出生地。众神不过是古希腊人精神的升华和生活的模拟。因此，我们必须与那空灵静谧的云光山色告别，踏上古希腊的大地。

古希腊是欧洲文明的摇篮。古希腊人踏着爱琴海的波涛，向东方文明古国埃及、巴比伦靠拢。他们在小亚细亚西岸，即现在的土耳其建立了若干城邦。公元前八百年左右，在流注爱琴海的门德河口，古希腊城市——米利都诞生了。

米利都是古希腊的工商文化中心，其重要性远远超出雅典。它成了东方的物质与精神文明西渐的桥梁。此地地灵人杰，在比较趋向于进取的工商奴隶主中，出现了一批对后世有深远影响的哲学家与科学家。

当时，由于生产规模与社会分工的局限，人类见闻不广，思维能力不强，知识尚处于未加分化的原始综合阶段。哲学是人类知识的总称，包括日后分门别类的各种科学、技艺与文化。古希腊早期哲学实际上是以研究自然界为任务的，因此，古希腊的哲学家同时也是自然科学家，或者也可以把他们叫作自然哲学家。

米利都学派三杰便是古希腊最早的一批自然哲学家。泰勒斯

（约公元前 624—前 547）、阿拉克西曼德（约公元前 610—前 546）、阿拉克西美尼（约公元前 585—前 525）是古希腊哲学的创始人。他们向往着自然界，以其才智与沉思拨开了笼罩在古希腊大地上的奥林匹斯的神秘迷雾，认识到人类世界的物质文明与世俗精神均为理智的产物。在他们的研究中，神灵的背景消失了。他们对世界的起源与性质的说明，乃是出自客观观察并经过沉思默想而形成的一种天才远见。

泰勒斯是一位提倡沉默、爱好深思的哲学家。他曾经写了一首诗，赞扬沉默出智慧：

多说话并不表示有才智。
去找一件唯一智慧的东西吧，
去选择一件唯一美好的东西吧，
这样你就会箝住许多饶舌汉的嘴。

泰勒斯可以说是西欧文明史上第一个天文学家。传说有一次他在夜晚仰观天象，不慎掉进一个坑里，有人因此嘲笑他能够认识天上的事物，却看不见地下的东西了。殊不知有的人只能在自己鼻子尖下的事物前兜圈子，一辈子也揭不开自然的奥秘。泰勒斯最早发现日蚀，并指出这一时期的至点并不总是恒定的。他在几何学的研究上，应该看作是毕达哥拉斯的先驱。他所规定的五条几何学定理，直到现在仍然是正确的。其中第四条"内接于半圆之角为直角"，被当时认为是一个伟大发现，为此还宰牛献祭，以示庆祝。泰勒斯这点数学与天文学知识现在已成为中小学生的常识了，但是在两千多年以前，抽象与综合思考能力能够达到这一步是了不起的。泰勒斯的科学创造，标志着人类认识从直观幻想向观察思考过渡，他开始了人类以科学分析与哲学概括认识世界的新纪元。

泰勒斯在观察分析自然现象的基础上，试图对整个世界做一概括。宇宙是什么构成的？这就是泰勒斯想解决的问题。这一问题万古常新，是历代哲学家与科学家穷毕生之力试图做出解答的问题。不过，问题的提出是天才的，问题的解答却由于历史条件的局限而不足取。但其中蕴藏的某些深意，仍然对后人有一定的启迪作用。

泰勒斯面对千差万别的自然现象，想探寻它们的总根源。他发觉"水是最好的"，水为生命所必需，人可较长时期挨饿，但不能短期缺水。从生活常识上讲，泰勒斯的论断是人人都可以接受的。但是，将"水"作为万物之源就难以理解了。有人说，这可能与希腊处于茫茫无际的海洋之中有关，亚里士多德则推测说，可能是看到事物的润湿性乃出于水的缘故。这些议论与推测都是无关宏旨的。重点在于：泰勒斯作为古希腊第一个自然哲学家，他开始摆脱神话式的宇宙观，不是根据想象，而是试图根据客观的观察与概括来探索宇宙的起源及其构成。这是人类认识的一个飞跃。它表明人类智慧已开始祛除神话的迷雾，透露出理性思维之光。

亚里士多德曾经说过：早期哲学家，绝大多数认为万物的唯一原则是物质性原则。泰勒斯就是坚持这个原则的第一个代表。黑格尔指出，"水是原则"就是泰勒斯的全部哲学。水是一个单纯的感性实体，而原则是抽象的、概括的、普遍的。这里就有一点"个别与一般"的辩证法。

其实，泰勒斯时代还没有"原则"这一概念。虽然现在人们使用"原则"概念十分普通，当远古人类在抽象思维能力还不高的时候，他们是不能想象，也不能理解的。泰勒斯时代的人能想到的是：世界总得有个起点，总得有个原因，或者说世界应该有一个始初状态作为它的起始和基础。这样，在泰勒斯时代，人类便创造了"始基"（ἀρχή/arche）这样一个概念。这个概念是与当时的抽象思维能力相适应的。

因此，说"水是始基"更加符合泰勒斯的水平，"水是原则"只是后人对它的解释。但是在这里，泰勒斯却陷入了思维与思维表达方式的矛盾。泰勒斯想的是那个万物的统一，宇宙的一体，普遍的东西；而他的表达方式却仍然是万物之中的某一具体物（水），宇宙中的某一个体，某一特殊的东西。于是泰勒斯便纠缠在以感性代替理性、以特殊代替普遍、以个别代替一般的矛盾之中。这个矛盾是人类思维前进运动中必然出现的过渡环节，它正是人类思维开始上升到抽象而一时还不能摆脱感性实体的产物。

不过，我们不能停留在泰勒斯这一表述的矛盾之中，而应该看看他的思想实质是什么。我们如果从哲学本体论的意义来加以分析，就可以看到：水的本质是无定形的，没有任何形式的；水是流动的，变动不居的。水正由于它不定形，因而适应任何形式；水正因为是流动的，因而可以体现变化的特点。

由此看来，水的本质属性的象征意义在于它的无定形与流动性。这才是泰勒斯始基的要点。试看那滚滚波涛，形态瞬息万变，谁能说出它的固定形状吗？试看那"逝者如斯夫"的一浪催一浪的巨流，谁不感到那变幻无常、新旧交替的情景呢？世界上万事万物，诸如圆月方舟、翠岗修竹莫不有定形。但从流动变化的观点看来，它们迟早是要形销蜕变的。因此，"无定形"不是恰当地概括了世界上万事万物的本质属性吗？当然，泰勒斯本人的认识并没有明确达到这一点。

用个别的具体物来概括万事万物的统一本质，表述上往往会出现具体物的某些感性特征干扰抽象统一本质的弊病。泰勒斯的学生与继承人阿拉克西曼德，摒弃了水这样一类可感事物，将宇宙始初的简单状态或始基叫作"无定形"或"无界限"、"无规定"（ἄπειρον/apeinon）。他在探索宇宙始基问题上，看到了具体事物与统一本质之间的矛盾，并着眼于水的"无定形"与"流动性"而使用了一个抽象名词 apeinon 来表达万事万物的统一本质。所谓 apeinon 意即"无规定"，而且主要指"外部形态无规定"。此外，apeinon 还兼有流逝变迁之意。

用"无定形"来代替"水"，不单是名词的更换，它还反映了哲学思维的进步。"无定形"更能恰当地表现宇宙的本质。"水"是一个具体的单纯的东西，这种具体性、单纯性无疑地妨碍了本质的统一性、普遍性的表达。而"无定形"是一个抽象的、否定的东西；它扬弃了具体物的可感性，能较恰当地显示本质的普遍性；它否定了有限的东西，突破了个体的局限性，较恰当地指明了本质的统一性。这样一来，阿拉克西曼德就超越了"水"的个别特征，接近了某种普遍性的表述。

阿拉克西曼德的朋友和继承人阿拉克西美尼同意"无定形"这种主张，但又觉得"无定形"捉摸不定，太玄虚不实了，于是他提出 ἀήρ（气）来代替"无定形"。他认为气在水先，是一切单纯物体的基本。因此，在始基问题上，阿拉克西美尼似乎又回到了一种感性实体上来了。他指出：一切由气产生，又都消失于气中。因此，气是无限的、唯一的，而且是灵魂的东西。显然，他所谓的这个"气"，不是我们今天所谓的由氮、氢、氧等气体混合组成的空气。气是生命、运动的象征，是所谓"灵魂"的体现。在古代，所谓灵魂实际上就是生命现象的一种诗意的说法。生命现象主要表现为"气息不断"，断气便意味着生命的终结。所以，阿拉克西美尼有所谓"嘘气"的说法。嘘气，我们可以通俗地理解为呼吸，气息体现着生命运动，以此推而广之于整个世界，世界也因气而生存。

他力图使这个僵死的世界由于气而活动起来，从而使整个宇宙显得生机盎然，气象万千。这种想法已涉及宇宙活动原则问题了。这就使他的思想比前人又前进了一步，多少散发了一点辩证法的气息。

阿拉克西美尼用"气"象征地描述那普遍的东西，好像又回复到泰勒斯的立场上了。但绝不能认为这是倒退，而是向起点复归的螺旋形上升运动。因为它究竟不能脱离感性存在。"气"同"无定形"相比有一个优点，即它总归还是可以感触到的。运动中的气，例如"嘘气"、"刮风"，我们是可以感觉得到的；"气"同"水"相比，也有一个优点，即它完全不具形体，看不见，摸不着，更少被感性外观约束。

由此看来，"气"扬弃了"无定形"的不可捉摸的抽象性，又摆脱了"水"的感性外观的约束性，它既普遍而又具体地表现了宇宙本原的无定形、自身运动诸本质特征，从而使抽象寓于具体之中，达到了具体—抽象—复归于具体的辩证的统一。米利都学派自身的哲学内容里辩证法思想是微乎其微的，我们可以忽略不计。但是，他们是古希腊最早的唯物学派，他们试图从自然界之中寻找它的普遍原则，这个方向是完全正确的。他们学说的变迁，也客观地反映了思维的前进运动。而这个运动发展规律，正是遵循了肯定—否定—否定之否定的辩证历程。这个圆圈形的辩证思维的前进运动，正像爱琴海的波涛，四向散开，推向那遥远的天边，迎接那哲学与科学的黎明。

三 神秘的数学家
—— 毕达哥拉斯学派辩证思维的萌芽

毕达哥拉斯及其学派以在数学上的天才创造闻名。有名的毕达哥拉斯定理，在当时就引起轰动。人们为庆祝这一杰出的成就，举行了百牛大祭。

毕达哥拉斯（约公元前580—前500），是一个指环雕刻家的儿子。他早年漫游小亚细亚大陆以及埃及一带，结识了泰勒斯这样一些有名人物，但也深受埃及祭司的影响。埃及祭司给他的影响，不是启迪他的哲学智慧与科学思维，而是使他迷信宗教秘法，具有清高的道德意识，习惯于严格的集体生活。抽象的数学思维和神秘的宗教迷惘，使毕达哥拉斯学派成了唯心主义学派的先驱。

毕达哥拉斯更多的精力是从事宗教政治活动。他在埃及长期居留后，回到家乡萨摩斯，但不见容于当地的僭主及群众，而与奴隶主贵族的观点十分合拍，最后不得不离开希腊本土，到意大利南端的克罗顿定居，在意大利的希腊城邦中，建立了可以操纵当地政治的宗教团体。他主要是一个狂热的宗教团体的领袖和维护奴隶主贵族利益的政治家。

人们认为他出于谦逊，从不自称为"智者"（σοφός），而称为"爱智者"（φιλόσοφος）。这个词演变到后来，就是今天通称的哲学。

因此，所谓哲学，即爱智的意思。从这一点讲，不妨说，毕达哥拉斯是"哲学"一词的首创者。

毕达哥拉斯及其学派的神秘倾向，窒息了他们数学上的创造活力。他们竟然相信菲里赛底斯所奉行的魔术。毕达哥拉斯本人后来就成了一个有创造奇迹的本领和无边神力的传奇式的人物。

数在他们手中逐渐被神秘化了。他们看到了数的普遍适用性，再糅和着埃及祭司的宗教迷信传统，认定"十"是一个圆满的数，它理应包含数目的全部特征。他们还巧妙地将"十"用图形加以表示，这就是所谓"四元图"。这个图是相当有名的。它是由一、二、三、四组成的一个等边三角形，无论从哪一个角往下看，都体现了从一到四的序列，而 1+2+3+4=10（如下图）。

毕达哥拉斯流传下来的这个"四元图"变成了宇宙永恒性的象征，有点类似我国古代的阴阳八卦图，但简单得多。"四元图"成了毕达哥拉斯教派的一个标帜，成了一个"神符"。

毕达哥拉斯学派的这些"数的神秘主义"倾向，本质上是唯心的，必须扬弃。但他们关于数的科学成就必须继承，而关于数的辩证观点更应该加以发掘。这方面的发掘工作，过去往往由于批判他们的反动政治立场与唯心观点而被疏忽了。

毕达哥拉斯学派看重数，认为数乃万物之源，凡物莫不有数。在他们看来，片面强调感官经验的哲学家只是材料的奴隶，不可能使材料上升到理论的高度，使自己对事物有深远的认识。他们认为只有纯粹的数学家才是那秩序井然的绚丽世界的创造者。数给世界以秩序，给事物以量的规定，并使人们对世界的万事万物的认识日益精确化。对数做这样一种评价还是有一定道理的。

我们抹去毕达哥拉斯学派给"数"涂上的那一层神秘的油彩，摒弃将数作为万物本原的唯心观点，便可以看到其中包含的相当深刻的辩证法思想。例如，他们对数目"一、二、三"的分析，直到现在，仍然可以看到它对表述哲学和科学概念的不可磨灭的影响。从哲学与科学的意义上来讲，什么叫作"一"呢？一是个体的统称。个体是"这个一"，"这个一"是一的具体存在。他们认为有了普遍的"一"，才有个别的"这个一"。这种讲法是颠倒的、唯心的，当然是不对的。但是，反过来讲，从个体的存在，抽象出"一体"、"整全"以及作为量词的"一"，这样讲还是合理的。

什么叫作"二"呢？一的分裂便是二，即所谓"一分为二"。二不能简单地看作是两个一的相加，从一到二，显示了分别、特殊，从而出现了"对立"，因此，二是一的对立物，同一与分别相对，普遍与特殊相对。"对立"概念的产生，对辩证法的形成有决定性的意义。

他们认为"一"这个数，超越了奇数与偶数的对立，是奇与偶的统一。因为一加到奇数上便成为偶数，例如"3+1=4"；一加到偶数上便成为奇数，例如"2+1=3"。总之，他们把一看成是"统一"，是"整体"，把二看作是"分别"，是"对立"。

什么叫作"三"呢？毕达哥拉斯学派认为"三"有"全"的意义，它象征圆满。凡是有形体的东西，离开不了"三"——长、阔、高，三元形成体积。因此，三也就成了空间的量的规定性。凡是一个过程，也离开不了"三"——起点、中点、终点，三环形成过程。因此，三也就成了时间的量的规定性。因此，"三"对于静态地表示一个物，动态地表示一个过程，以及从量上规定时空都是不可缺少的。只有"三"才是全体，才能圆满地体现事物发展的过程。

因此,"一、二、三"就不是简单的数目概念了,而是有丰富辩证内容的哲学范畴。它们之中包含了分化、对立、过渡、统一、发展、过程等辩证法的基本概念。而且粗浅地、笼统地揭示了辩证法诸范畴与诸规律的主要内容。

我们超出毕达哥拉斯学派关于"三"的简单的神秘的说法,应当看到"三"作为一个辩证法范畴的重要性。辩证法最根本的观点是把客观世界、客观事物看作是普遍联系、相互过渡的"发展过程"。大大小小的万事万物都是一个过程,而世界便是"过程的复合体"。这个客观世界的过程性,被"三"极为简洁地表述出来。"三"的哲学内容还有待于我们进一步发掘。

毕达哥拉斯学派与米利都学派相比,他们不单是观察自然并分析其本质属性,更重要的是他们使人类的思维方法前进了一步,即他们已能抽象地比较、辩证地思考问题了。这一点正是真正的哲学与科学产生的必要的主观条件。当然,他们的弊病是应该加以摒弃的。毕达哥拉斯学派的辩证思考只是唯心辩证法的萌芽状态而已。

四 宇宙实体的探求者
——埃利亚学派唯心论中的论辩机智

毕达哥拉斯学派的后继者是埃利亚学派。它的著名代表叫巴门尼德（公元前6世纪末—前5世纪）。他们继承的不是毕达哥拉斯学派关于数的若干辩证因素，而是想在这个变化万千的世界探寻那永恒不变的实体的主张。

毕达哥拉斯学派认为"四元图"是宇宙永恒性的根源，这只能是在数量关系上的一种小巧构思，它并不能从质上去对宇宙做一总的概括。探寻"宇宙本源"这是古希腊哲人的一大贡献。巴门尼德把这一问题高度概念化、哲理化，实际上把它归结到"本体论"的研究，这样就形成了真正的哲学，即古代意义的"形而上学"。黑格尔曾经赞扬说："真正的哲学思想从巴门尼德起始了。"这句话指的是：巴门尼德抓住了哲学研究的主要问题，而这一点，此前的哲学家是不明确的。

在古代，哲学泛指人类知识的概念系统。而严格意义上的哲学，亚里士多德把它归结为关于宇宙第一原理的知识，即关于宇宙根本规律的知识。他的这一部分论述，以后他的弟子们在整理归类时，把它摆在物理学（physics）这一集的后面，因此，取名为"metaphysics"，这一词直译应为"物理学后编"，意译为"形而上学"，取

"形而上者谓之道"之意,意即超乎形体之上的那个根本之道。直到黑格尔时代,才将形而上学作为一种孤立的静止的方法与辩证法相对立。这种用法与原意相去甚远了。

形而上学作为严格意义的哲学,一般包括三个部分:"本体论",它研究宇宙是由什么东西构成的;"宇宙论",它研究宇宙是如何演化的;"灵魂学说",它研究生命、心理与思维现象的实质。

本体或实体这一概念被明确地提出并加以认真地分析,这是以后的事,即直到亚里士多德才做到了这一点。但是,关于本体的追问,应该讲,从泰勒斯就开始了,巴门尼德的贡献在于他采用了思辨、分析与论证的方法来探求宇宙的本体。

巴门尼德关于自然实体或宇宙本体的论证,完全脱离了米利都学派的唯物传统,即从自然界本身出发进行观察、概括的传统,而进一步发展了毕达哥拉斯学派从数的不变性探寻宇宙永恒性的做法。因此,巴门尼德成了历史上真正的哲学唯心论的鼻祖。

数是事物的量的抽象,而不是将事物作为一个整体来加以抽象。巴门尼德认为现实世界的事物虽然千差万别,但都是"有",即"存在"。此一存在,彼一存在,无物不是存在。于是,宇宙的本体或实体也就是一个"存在"。这个"存在",浑然一体,无任何差别;永恒不动,无任何变化。

巴门尼德哲学的出发点,首先是对感觉世界的否定。他在《论自然》这首哲理诗中写道:

> 不要遵循这条大家所习惯的道路,
> 以你茫然的眼睛、轰鸣的耳朵以及舌头为准绳,
> 而要用你的理智来解决纷争的辩论。

因此，他认为理智才是认识真理的标准，而感官则是骗人的。因为感觉到的不断变化的世界是"无"，是"非存在物"。当然，强调理智在认识中的重要作用是无可非议的，但是，绝不能将理智与感觉对立起来。感觉是认识之源，是理智发挥作用的客观凭借。凡是排斥感官作用、孤立突出理智作用的，无不陷入哲学唯心主义的泥坑。巴门尼德哲学应该看作是哲学唯心主义倾向最初的典型表现。

在这样一个典型的唯心体系之中，是不是也有一点辩证法因素呢？柏拉图对话录《巴门尼德篇》中，有不少通过巴门尼德之口阐发的辩证思想。但是，这些并不是属于巴门尼德的，其实是柏拉图自己的想法。因此，一般认为巴门尼德的辩证思想是不多的。相反，他的基本倾向是主静不主动，强调一反对多，因而是反辩证法的。但是，辩证法以其客观真理性，使他对某些问题的分析，不得不考虑辩证的观点。例如，他也曾讲过关于对立的问题，认为有两极对立：原初的与次一级的。冷热、干湿对立是本原的，甘苦、黑白对立是派生的；另外，关于真理与意见的学说，他就说得不那么绝对。那些根本算不得真理的庸俗之见，尽管是虚幻不实的，但也应该加以分析、研究、体验，从而克服它的虚幻性而达到真理。这就是说，单凭感官获得的外部现象的知识，是虚幻的凡人的意见，而真知必须透过意见、扬弃其虚幻性才能达到。于此，他多少看到了本质与现象、理性与感性、真理与意见之间的辩证联系。

巴门尼德在维护他那唯一的不动的"存在"时，高度发挥了他的逻辑论证的技巧。这种技巧为他的后继者芝诺（公元前500—？）所继承与发挥。芝诺智慧过人，辩才无碍。亚里士多德认为他是辩证法的创立者，黑格尔也认为芝诺的出色之点是辩证法。应该指出，他们所讲的"辩证法"其实指的是"辩论术"，而辩论术其实是辩证思维的初级阶段。

在古希腊，辩证法与辩论术的意义是相通的。希腊的辩论术随着希腊社会的政治辩论而发展起来。辩论的目的，旨在揭露对方的矛盾，使论敌陷入进退两难的境地，从而使自己的主张得到众人的支持，以便取得政治权力。辩论的方法，主要是采取思辨形式的抽象推理，这为日后形式逻辑的建立奠定了基础。因此，巴门尼德、芝诺的"辩证法"，与我们所讲的辩证法并无共同之处。但这种形式推理从揭露矛盾着手，也给辩证法的产生以很大的启发。问题在于是排除矛盾取得抽象的同一性呢，还是承认矛盾取得具体的统一性？

据说芝诺做过四十多个例证来论证巴门尼德的"存在"是唯一的、不动的学说。其中著名的有这样几个：

第一个是"关于空间的无限可分性"的论证。这个论证与我国古代的"一尺之棰日取其半，万世不竭"的意思差不多。芝诺认为：你不能在有限的时间内越过无穷的点。因为在你穿过一段距离的全部之前，你必须穿过这个距离的一半。一半之中又复有其一半，如此推演，空间中有无穷个对半的"中点"，你不可能在有限的时间内逐一接触这些"中点"。因此，由此及彼的运动是不可能的。

犬儒学派的第欧根尼对于这个论证采用了一个十分简便的办法加以反驳。他一语不发地站了起来，走来走去。他用能直接感觉到的行动反驳了运动不可能的抽象的形式推理所做出的论证。但是，当第欧根尼的学生满足于这种一目了然的"反驳"时，第欧根尼又马上指出这种"反驳"严格讲根本算不得是一种反驳。因为对方既然用逻辑推理的方法来争辩，你也只能用同样的推理方法来加以反驳才有效。也就是说，我们不能满足于感官的确信，而必须讲出道理来。

这个道理并不是那样容易讲得清楚的。因为芝诺在这里接触到了有限与无限的辩证统一问题。这一点正是芝诺思想的可贵之处。这个问题比较科学的解决，不但是芝诺时代办不到的，几千年来在哲学与科学界仍然众说纷纭、莫衷一是。直到黑格尔以至马克思时代该问题才接近于解决。一般讲，由于空间的连续性是运动的可能性的依据，因此，那种无穷地对开的机械分割的观点是不符合"空间"的基本属性的。芝诺进行推论的前提就错了，其论证与结论也就没有意义。

第二个论证叫作"阿基里斯永远追不上乌龟"。在古希腊，阿基里斯是一个行走如飞的人，而乌龟爬行之缓慢是人所共知的。现在说，阿基里斯赶不上乌龟，如若效法第欧根尼故技，是极易反驳的。但我们要从论证推理上来反驳。那么芝诺是如何论证的呢？阿基里斯要赶上乌龟，首先要跑到乌龟的起点，当他到达乌龟的起点时，乌龟又前进了一段路程。当他赶上这一段路程时，乌龟又继续前进了。总之，他可以愈追愈近，但始终赶不上乌龟。要反驳这个论证的理由同样是时间与空间的连续性。运动之所以可能，就在于既在一点又不在一点的这一客观矛盾性。芝诺将空间分割为无限隔断的点，间隔再小也是一条不可逾越的鸿沟。从抽象理论上讲，阿基里斯是无法跨过的，自然赶不上乌龟了。芝诺的观点虽然无视客观矛盾性质，但单从数学上来讲，这种无限逼近的思想可以看作是具有辩证观点的分析数学的先驱。因此，我们也不能简单地将其视为形而上学而加以排斥。

第三个论证叫作"飞矢不动"。他说，飞行的箭在路程的每一点上是静止的，静止的总和并不产生运动，所以飞矢是不动的。这个论证的出发点是假定时间由"此刻"构成，空间是由"此处"构成。于是，此刻此处的飞矢，相对于此刻此处为不动。但是，时空本质的连续性，否定了将"此刻此处"从连续的序列中孤立出来的机械分割的设想。飞矢既在此刻此处,又离开此刻此处向接踵而来的另一此刻此处过渡,这一过渡转化的观点是芝诺没有想到的。

芝诺的这一类论证是机智的,已踏上了辩证法的门槛。人类只要继续前进,辩证法就出现了。

五 深邃的哲学沉思
——赫拉克利特的自我探求

人类智慧初开,有浓厚的兴趣向外探索自然的奥妙,泰勒斯等人就是这种情况的代表人物;这种探索的结果,逐渐使人感到自然的本质并不等于自然的外在表现。那抽象的普遍本质远离自然,只有思维才能把握,毕达哥拉斯等人已开始意识到了这一点。但是,思维能否正确地反映自然呢?思维本身是个什么东西呢?这样的问题,开始引起了哲学家的深思。这一问题全面而认真地展开,当然是康德以后的事。

"我探求我自己",赫拉克利特(约公元前540—前480)不停留在以自然为对象的向外探索上,转而沉思自省,考察"我自己"。这是哲学思维深化的一个决定性步骤。"反求诸己",如果意味着"吾心便是宇宙",那自然是唯心的观点;如果意味着以自身,以思维本身作为客观的考察对象,就不但不是唯心的,而是唯物论向辩证方向发展的必经阶段。

赫拉克利特是一个奴隶主贵族,一生保持着高傲的贵族习气,十分孤独而远离群众。他拒绝参加公共事务的管理,相传他把王位让给了他的弟弟。他深思远虑,潜心学术,片言只语,晦涩难懂,因此,得到了一个"晦涩的人"的外号。他愤世嫉俗,抨击辛辣,也有"悲愤的哲学家"的名声。

"晦涩"与"深邃"往往貌似。一般讲,行文晦涩,故作高深,借以掩盖其浅薄,这种"晦涩"是不足取的。而"深邃"则不同,由于用意深远独到,表述难免晦涩难懂。苏格拉底是非常佩服赫拉克利特的。他认为赫拉克利特所了解的是深邃的,他所不了解而为他所信仰的,同样也是深邃的。苏格拉底还认为如果想要钻透赫拉克利特,就需要做一个勇敢的游泳者。因此,与其将赫拉克利特叫作一个"晦涩的人",倒不如叫他为"深邃的人"。

赫拉克利特把宇宙根本之道看作宇宙自身的发展与变化。这个体现发展变化的总规律,是如此地普遍而抽象,贯穿自然以至人心;它无所不在,而又渺无踪影;它不可须臾离开,但又不能觉察其存在。赫拉克利特给这个不可捉摸的"发展变化之道"一个物质形态,这就是"火"。

"火"为万物之源。火,形象地体现了万物流转、无物常住,永恒变化的观点。这个"火"好像是构成事物的精细的微粒,它不但具有明显的可感的物质性,而且细微到使你几乎无法觉察出粒子的存在;火,也生动地体现了变,试看那一团熊熊烈火,顷刻之间将草木化为乌有,那矫健的火舌,袅绕的青烟,似有形而又无定形,似有质感而又难以捕捉。

赫拉克利特象征性地用火来表示运动变化的原则。那么"变"到底是怎么一回事呢?所谓变,表现为一个东西既存在又不存在。这个原则同巴门尼德的"要么就存在,要么就不存在"的片面僵化的命题是针锋相对的。又在又不在,这岂不是矛盾吗?是的,矛盾!但是这种矛盾状态是客观存在,无法排除的,所谓矛盾状态就是运动变化状态。变体现了两个对立的东西的结合。我们就拿最简单的位置移动来说罢,从甲点移动到乙点,在甲点不动;在乙点也不动。只有在甲点而又不在甲点，到乙点而又尚未到乙点时，才体现了从甲点到乙点的移动过程。

根据变动原则的这一本质特征，赫拉克利特第一次明确地提出了"对立物存在于同一东西中"这样一个著名的辩证法命题。"对立的同一"或"对立的统一"，这是大家所熟知的了。原来对立物处于同一东西之中，对立双方并不是和平共居的。它们互相排斥，也就是互相否定，从而导致消长更替，形成事物的转化。这种内在的否定性是事物运动变化，除旧更新的根源。

什么叫作内在否定性呢？它是辩证法的一个最根本的概念。辩证法既然认为世界上的万事万物都是运动变化的，而运动变化的原因又不是外来的，只能是自身矛盾的结果；矛盾的出现，又是由于自身包含有否定自己的因素。因此，事物的内在否定性是致变之由。这里所讲的"否定性"不能依照一般常识来理解，即所谓否定就是简单地加以抛弃。它和生物学上讲的新陈代谢、文学艺术上讲的推陈出新的意思差不多。也就是说，这种否定意味着舍弃之中有保留，继承之中有创新，破中有立。这个内在否定性或者叫作辩证地否定，乃是辩证法的精髓与灵魂。

赫拉克利特是第一个把自然本质了解为过程的人。把世界以及万事万物都了解为一个"过程"，这是辩证法的又一个根本思想。赫拉克利特认为过程就是运动，而运动乃是界限的破与立的统一。这就是说：事物成其为一个事物而有别于他物，则两物之间有一界限，界限是事物的区分线。事物作为一个"过程"，必须有一个起点有一个终点。界限作为过程的起点与终点，构成事物的有限性。界限的"立"，才使一个事物得以成其为一个事物，才能使一个事物经历一个有起有讫的完整过程。但是，事物的发展终将突破界限而向他物过渡转化。界限的突破，就意味着旧事物向新事物转化，旧过程终结新过程开始。新旧交替、过渡、转化，就是"运动"。"界限的破与立的统一"极为确切地说明了事物作为一个过程的辩证性质。

恩格斯深深地把握了赫拉克利特辩证法的这一精髓。他明确指出：我们辩证唯物论者，把世界看成是"过程的复合体"。万事万物各为一"过程"，各种"过程"因一定条件而相互联系，从而形成一个"过程的复合体"。这一关于辩证法思想实质的科学表述，应该是我们研究的指导思想。

赫拉克利特把宇宙发展变化的总规律叫作"逻各斯"。这个"逻各斯"有点类似中国的老子所讲的"道"。他说："逻各斯永恒地存在着"，"万物根据这个逻各斯而产生"。他进而将逻各斯表述为三个相互联系的基本命题：第一，和谐总是由对立产生，所以自然界的基本事实是斗争；第二，任何事物均处于不断地运动与变化之中；第三，宇宙乃生动的永恒的火。赫拉克利特这三个基本命题说明了同一个真理，这个真理就是辩证法。他认为和谐来自对立，对立源于斗争，斗争推动着事物不断地运动与变化。那生动的永恒的火，便体现了宇宙的变化过程。应该说，赫拉克利特的辩证法思想，在古代，已达到了相当完备的程度。

当然，赫拉克利特的思想远远没有我们现在表述的这样明确。列宁就说过，古代人和赫拉克利特哲学是天真质朴的。赫拉克利特的思想虽然是深邃的，但只存格言式的断简残篇，缺乏详细的材料与深刻的论证。这就给后人留下了充分发挥引申的余地。但是，后人的阐释是否属于他呢？这一点始终是难以证明的。不过，保留下来的关于赫拉克利特的残篇断简，却是辩证法的宝贵财富。因此，列宁认为："把他作为辩证法的奠基人之一，那是非常有益的。"（《哲学笔记》，第390页）

六 怀疑与诡辩
——普罗泰哥拉斯辩论术的变迁

希腊哲学的发展,从重视自然到探求自己,后来进一步接触到社会问题。其中,"政治"变成了社会核心问题。大家关心政治,要求参与政治,于是社会上产生了这样一种迫切需要:即在政治辩论中战胜对方,从而获得社会公职。由此,"辩论术"便应运而生。由于社会上有学习辩论术的需要,就产生了一批专门教人辩论的人,这些人就是所谓"智者"。柏拉图曾经讲过,把钱给予医生,是为了学医;给雕刻师,是为了学雕刻。那么,给普罗泰哥拉斯又是为什么呢(普罗泰哥拉斯是当时公认的智者的代表人物)?是想让他把我教成一个智者。这就是说,智者乃是教人以智慧的教师。

智慧与博学是有区别的。博学在于搜寻古往今来大量经验材料及既成的知识,能在这些材料中发现一只与众不同的甲壳虫,在浩繁的典籍中找到一条别人未曾注意到的掌故,也算是了不起的事情。而智慧乃是一种洞察与分析的能力,一种探索疑难、穷究底蕴的本领。如果一个老师能真正给予你智慧的钥匙,那就使你的所得远远超出发现一只甲壳虫、掌握一条掌故,从而有能力去求索新的发现。

但是,这种智慧的传授,也产生一种社会公害,即流于耍嘴皮子,强词夺理,主观诡辩。因此,"智者"的贬义,就是"诡辩家"。"诡辩"这个词通常意味着：以任意的方式，凭借虚假的根据，或者将一个真道理否定了，弄得动摇了；或者将一个虚假的道理弄得非常动听，好像真的一样。这种以假乱真的诡辩，是科学的大敌，是社会正义的大敌。

普罗泰哥拉斯（约公元前481—前411）并不是这样一种既无思想修养又无学识的诡辩家。以普罗泰哥拉斯为代表的一批智者们，是以教育为职业的一个社会特殊阶层。他们接受报酬，以授徒为业，执行学校的任务。他们以智慧、科学、音乐、数学等科目教人，主要培养对象是政治活动家。因此，智者们倒可以说是西欧社会教师的鼻祖，颇有点像中国的"至圣先师"孔夫子，只是没有孔夫子那种历史的光荣。他们被苏格拉底、柏拉图批得声名狼藉，因而"至圣先师"的位置让给苏格拉底了。

普罗泰哥拉斯继承了埃利亚学派抽象论证的思想方式，从事范畴与思想规定的研究。他和智者们把这种推论方式，从本体论的证明推广应用到人类的知识与行为的全部领域中去，在应用上是卓有成效的。他们的理论成就为日后亚里士多德创立演绎推理的方法奠定了基础。普罗泰哥拉斯本人，是希腊的第一个公共教师，也是一个受人尊敬的深思的哲学家。

在历史上引起争议的是普罗泰哥拉斯的那句"人为万物的尺度"的名言。苏格拉底、柏拉图是坚决反对这种说法的。柏拉图在他的对话录《泰阿泰德》中，借苏格拉底之口指出：知识就是知觉，这就是普罗泰哥拉斯的主张，因为他主张"人为万物的尺度"。将普罗泰哥拉斯这句话理解为"知识就是知觉"，只能说是柏拉图的理解。关键在这个"人"字，意义比较含混。柏拉图认为，普罗泰哥拉斯的"人"是指"个人"，特别是指"个人感觉"。如果这样，就必然各人以其感觉为真，那么便此一是非，彼一是非，莫衷一是了。

但是我们也要看到普罗泰哥拉斯继承了赫拉克利特关于变化观点的遗绪，所谓主观上的"感觉之流"，其实正是客观运动变化的反映。我们的五官直接面对这个变化万千的客观世界，尽管接收的是事物的表面现象，但不首先掌握现象，也就无从深入分析出其本质，而且现象形态的整全性、流逝性、过程性，又往往为抽象的理性分析所忽略。因此，柏拉图对此点大加诋毁，只能使自己陷入片面性。普罗泰哥拉斯重视感觉经验这一点是不能完全加以否定的。他试图从变化的观点来看客观存在，这一点还是可取的。我们不能把他加以"现代化"，等同于今天的感觉论者、经验论者，说他是什么古代的贝克莱、席勒。

普罗泰哥拉斯其实并不单纯重视感觉经验，他更为重视思考的作用。公元前五世纪后半叶，古希腊掀起了一股怀疑一切的浪潮。智者学派就是这个怀疑运动的领袖。普罗泰哥拉斯就怀疑神的存在。他曾说："至于神，我不知道他们是否存在，也不知道他们像什么东西。有许多东西我们是认识不了的；问题是晦涩的，人生是短促的。"如何来看待怀疑呢？我们往往从消极方面来对待它，认为怀疑是消极颓废、否定一切的表现。这是一种误解。其实，"怀疑"往往是真正的哲学精神与科学态度的体现。它不迷信权威，它不崇拜经典；它重视客观，勇于探索，凡事都要问一个"为什么"。如果一个人一生把任何事情都视为当然，提不出任何问题，这个人的一生是十分可悲的。应该正确地将"怀疑"看作是人类智力活动高度发展的标志，是哲学与科学的产生与发展的前提。

以普罗泰哥拉斯为代表的智者之所以遭到柏拉图等人的嫉恨，实在是由于他们智力的优异。这种人既不受那些自命为权威的人的欢迎，更受膜拜权威的奴性人物的抨击。真正的权威恰好是十分推重怀疑精神的人。因此，智者在哲学史中的形象受到极大的歪曲。

当然，怀疑不能归结为虚无。例如，有一个智者，名叫高尔吉亚，就认为任何事物都不存在，即使存在也不可知，即使为某人所知，也永远不能传达给别人。这就由合理的怀疑走向虚无与神秘了。这种倾向当然是应该加以反对的。

智者学派对人类智力的发展起了巨大的推动作用。他们怀疑探索，揭发矛盾，追求原因，适应变动，应该讲是一种辩证思维的表现。他们的历史地位是不容抹杀的。当然，尔后流于诡辩与虚无，这种消极倾向是应该加以批判的。

七 古希腊的"圣人"
——苏格拉底的诘难

智者学派的末流转向虚无与诡辩,在社会上造成了极大的混乱,实际上产生了颠倒黑白、混淆是非的恶果。

雕刻匠与产婆的儿子苏格拉底(公元前469—前399),虽然在雕刻艺术上有很高的造诣,但他痛感时弊,力图克服诡辩之风,于是醉心于哲学与科学的研究,而且特别关心社会政治与伦理道德问题。他也曾向智者普罗第科学习辩论术,其目的倒不在于学得雄辩之术,以施展其政治抱负,而是为了坚持真理,以善辩的本领去遏制诡辩,以其人之道还治其人之身。苏格拉底要坚持什么样的"真理",有其时代的阶级的特征,这一点我们可以暂置不论。值得注意的是:研究哲学与辩证法的目的在于真理的追求,而且必须有为真理而献身的精神。这一点,正是一个真正的哲学家与无原则的诡辩家的不同之处。

这位貌不出众,五短身材,大嘴厚唇,笨拙粗陋,不修边幅的人物,经常踯躅街头,与各式各样的人谈话、辩论,讨论各种人生问题。他不关心自然,曾经声称:"物理学是与我毫无缘分的。"不过他智慧过人,在智者辩论术的基础上,发展了一套追求真理的方法,这就是最初的归纳论证与普遍定义的方法。这种方法,一般称之为"诘难法"。

苏格拉底的这种方法是一种以问答方式求得确切知识的方法。这种方法也并非他首创，只是芝诺方法的运用与发展罢了。苏格拉底总是装着自己对问题无知的样子，反诘别人，让别人自己来回答问题，使对方说出他自己始初不曾料想得到、甚至完全与自己原来想法相反的结论。这就好像在引出被诘问者所已经具有的知识，恰如一个产婆将婴儿从母体之中引导出来一样。正由于这个缘故，他就把自己比作一个产婆。苏格拉底真是在精神上继承母业了。

关于苏格拉底的诘难法的著名例子是关于什么是"正直"的辩论：

苏格拉底问：欺骗、偷盗是不是正直呢？

欧提德穆斯答：当然不是。

苏问：如偷走敌人的辎重，战略上制造假象欺骗敌人，又怎样呢？

欧答：那当然不算不正直。但我想我指的不是敌人，而是对朋友而言。

苏问：假使一位将军，队伍涣散，失去信心，你欺骗他说，生力军将到，使他能鼓起勇气，取得胜利。这种欺骗朋友的行为如何？

欧答：应该是正直的。

苏问：假定有人处于疯狂状态，他的朋友怕他自杀，于是偷走了他的剑，这种偷盗怎样？

欧答：那也得算作正直。

最后，欧提德穆斯不得不承认："我对我的回答已经失去了信心，因为整个事情已经变得同我原来想象的恰好相反。"

苏格拉底的方法是启发式的，结论不是外在地强加于对方，而是引导对方的认识逐步前进，接近正确。这种方法还有揭露事物和概念内在矛盾的科学意义。但是，这种方法还不是真正的辩证法，而只是一种归纳法。他的方法适用于由于我们思想混乱、概念不清、缺乏分析、不善概括，因而未能正确认识一个事物，恰当规定一个概念的情况。这种方法有助于揭露矛盾，增进逻辑的一贯性，对于从事科学研究以及辩证法的探讨都是有用的。

上述苏格拉底所使用的方法的要点，概括讲来，有下列四点：

（1）从具体的事例发展到普遍的原则，并使潜在于人们意识中的概念明确呈现出来。

（2）使一般的东西，通常是被认定的、已固定的、在意识中直接接受了的概念或思想规定彻底瓦解，并通过其自身及具体的事例，使之发生混乱。

（3）为了达到上述两个目的，苏格拉底采取的方式，称为"苏格拉底式的讽刺"。所谓讽刺，在此意味着主观形式的辩证法，即承认别人承认的东西，承认别人的回答，然后使对方陷入自相矛盾，被迫放弃自己原先的看法。我们说这种方法是辩证的，在于它旨在揭露矛盾；我们说这种方法是主观性的，在于它并不严肃地对待任何事物。它破坏一切，将一切变成泡影。

（4）苏格拉底谈话的主要趋向在于使你的思维活动处于进退两难、困惑动摇的境地，即处于怀疑的状态之中。诘难推动怀疑，怀疑引起思索，思索促进钻研，从而得以洞悉事物的本质，获得概念的科学定义。

这就是苏格拉底的诘难法，亦即归纳论证与普遍定义方法的基本内容。黑格尔曾经说："苏格拉底是第一个用归纳法来规定普遍的人。"他的方法成为柏拉图的思辨的辩证法的先导。

八　理想国的哲王
——柏拉图的唯心辩证法

柏拉图（公元前 427—前 347）出身于雅典的贵族科德里亚家族，曾经学习过音乐、诗歌、绘画、哲学，有很好的教养。直到公元前 407 年，他才成为苏格拉底的学生。他的年龄比苏格拉底小约四十岁。他原名叫作亚里斯多克里斯，由于他前额宽广，仪表丰美，谈吐不俗，老师给他更名为"柏拉图"。这个名字体现了他的仪表与风度。

公元前 387 年起，他在雅典开办学校，命名为"阿克底米"，即历史上有名的"柏拉图学园"，以后"学园"（Academy）就成了大学或研究院的别称。这个学园从创办到东罗马皇帝查士丁尼下令封闭时止，共延续了九百多年。

柏拉图特别研究了赫拉克利特哲学，熟知他变化流逝的观点，但柏拉图并不赞成这种观点，而认为所有的可感事物永远处于流逝的状态之中，不可能获得关于它们的知识。

柏拉图和苏格拉底不同，他不但从事政治伦理的研究，也潜心于世界本质的探讨。因此，他克服了苏格拉底的偏颇，对哲学进行了比较完整而全面的研究。

柏拉图对于本体论的论述，虽然有明显的客观唯心论立场，但是对后世的影响是极其深远的。他认为，既然可感事物变动不居，难以捉摸，因此，从可感事物出发，便难以规定"定义"，制定"通则"。柏拉图认定可感事物之外，尚有另一类东西，这就是"理型"（Idea）。"Idea"是一个影响深远的哲学与科学概念，根据作者与学科的不同，它可译为观念、理念、概念、相等等。就柏拉图哲学而言，将其译为"理型"较为贴切，也有人将其译为"意式"的，这个译法不太通用，但总比译为"理念"好。

柏拉图赋予理型一词的哲理性与科学性是非常丰富的，它引导人们去探索变化万千的世界后面隐蔽的本质与法则，为西欧不同哲学派别与各种特殊的科学体系提供了深入展开的方向与钥匙。我们甚至可以说，没有"Idea"，科学与哲学体系就无法形成。

柏拉图认为凡物莫不有理，而众理又有其"总理"，即所谓众理之理。这个众理之理是"至善"，也就是上帝。众理根据这个至高无上的至善原则创造而成型。被创造出来的各式各类的完美无缺的"理型"，作为模式、原型，供可感事物模仿而成为享有该理的某物。例如，桌子根据桌子之理创造出来。这就是柏拉图的理型学说，它以其客观唯心论的特征而与宗教相通，日后就成了上帝创造世界的理论根据。

但是，柏拉图不同于巴门尼德，他不把感觉世界完全归结为虚无。他有条件地承认感觉世界，因为感觉世界的东西是"仿本"，虽说是仿本，但总是存在的，不是空无。这与他适当地融会了各种不同的哲学观点有关。他不但钻研了赫拉克利特哲学，还非常重视毕达哥拉斯学派的"数论"。数学的研习在后来变成了柏拉图学园的传统，也成了西欧哲学的主要特征之一。他还与智者学派的著名人物交往，因而熟知他们的辩论术；在批判智者诡辩的同时，他又从论敌的机智的论辩汲取了营养。苏格拉底规定概念的本质内容的严密推导,也对他有着深刻的影响。由于他博采各家之说,这样就大大地开阔了眼界,打开了思路,使他成为古代最著名的唯心哲学家之一。

柏拉图的宇宙人生观,虽说是谬误的,但也包含合理因素。他认为有一种作为生命精神的根本、事物的动力的东西,那就是"宇宙魂"。灵魂与肉体结合则生,分离则死。灵魂实际上指的是人的意识与精神状态,它由三个部分组成,即理性、意志、欲望;人的身体上与其相对应的部位是:头、胸、腹。他还认为人类社会各个阶层之间的关系,相当一个健康灵魂中各种功能之间的关系。受过哲学训练的人代表理性,属金,应当成为社会的统治者;军人,代表意志,属银,其职务是防御;工农商,代表欲望,属铁,以生产物质财富为职能。至于奴隶,是物,是工具,不属于社会范畴。

柏拉图认为,除非君主具有哲学素养,或哲学家取得王权,否则国家与人类就不能得救。柏拉图虽然是雅典人,却崇尚斯巴达精神和埃及的世袭等级制度。他的"理想国"实际上是把斯巴达和埃及的政治制度理想化了。柏拉图反对个人自由原则,要求将个性消融于共性之中,真正达到万众一心的程度。

作为国家的最高统治者——哲王,柏拉图对他提出了极其严格的要求:

(1)不许有私有财产。

(2)不许有禁宫与密室。

(3)必须同吃同住,过严格的集体生活。

(4)绝对不允许接触金银。只有如此,才可以挽救自己,也才可以挽救国家。否则,就将变成自己同胞的敌人和暴君。

(5)要求解散家庭。女人不再管理家务,因而不从属于私人,男女差不多处于平等地位。男女婚配期间,统一分配妻子,没有个人选择。子女公养，不认父母。

柏拉图认为：由于废除了家庭、财产，禁止自由选择职业，排斥了主观自由，这就关闭了一切通向情欲、仇恨、争执的大门。柏拉图的理想国与希腊人崇尚个性的精神是格格不入的，因此，只是一些不切实际的空想。

柏拉图哲学是西欧历史上第一个十分完备的唯心主义体系，以后的唯心主义都不同程度地受到它的影响。但是，在这个体系之中，却蕴含了比较系统的辩证法思想。如果说，赫拉克利特的辩证法是直观的、机智的、格言式的；那么，柏拉图的辩证法便是理性的、分析的、系统化的。显然，柏拉图的辩证法思想在西欧辩证思维的发展过程中的功绩，是不可抹杀的。

柏拉图将我们的认识区分为四个部分：知识、理智、信念、想象。知识与理智结合为"理性"；信仰与想象结合为"意见"。柏拉图认为，科学技术，包括几何这一类科学，它们"对事物的认识也只能像做梦一样，因为它们只是假定它们所用的假设，而不能给假设以合理的说明。"这种从"假设"出发的认识，不能取得真知，因而也不能达到真正的科学认识。这一类科技知识，虽然也叫作知识，严格讲，它却比知识暧昧一些，而比意见则明确一些。柏拉图为了使它有别于上述二者，便给它另取了一个名字，叫作"理智"。柏拉图所说的"理智"就是日后德国古典哲学中经常碰到的"知性"。一般讲，作为人类的认识能力，"知性"低于"理性"。

哲学与科学要求确定的真正的知识。柏拉图认为只有理性，即辩证法才能提供这样的知识。他说："可见只有辩证法才是唯一的这样一种研究方法，这种方法不需要假设而上升到第一原理，并且就在这里得到证实。"照柏拉图看来，意见所面对的是感觉世界的生成变化，显然它不能导致确定真理，科学技术则是理智或知性的产物，它的前提是假定，当然也得不到确定的知识。只有理性才能获得真知。此处的"理性"与思辨的辩证法是同义的。它的要义在于：无须假设，而能自身确证其为第一原理。

"无须假设，而能自身确证其为第一原理"，这是辩证法的首要之点。这个观点日后明确地展开，就是黑格尔的"自己运动"的观点，也是马克思主义者坚持的"事物内部的搏动的否定性"的理论渊源。柏拉图宣称："我们就得说自己运动的东西乃是一切运动的源泉，乃是一切静止的和运动的东西中间最初出现的东西，因而，乃是一切变化的最先和最有力的原则了。"柏拉图把这样的辩证法"摆在一切科学之上，作为一切科学的基石与顶峰"不是没有道理的。当然，柏拉图的目的在于肯定"外部世界的不确定性"，但是，必须从事物自身的发展、变化、运动之中来寻求动因，这一观点却是非常深刻的，而且也是唯物辩证法所可接受的。

那么，这个自身确证的自己运动又是如何进行的呢？柏拉图考察了从芝诺到普罗泰哥拉斯的"辩证法"，认为那只是一种形式的哲学思维，只能造成表象与概念的混乱，并表明自己为虚无的艺术。照他看来，处于抽象的形式的推理阶段，其结果只能是消极的。

柏拉图从苏格拉底追求概念的正确定义着手，从事辩证分析，寻找那普遍的东西，真实的东西，即所谓"共相"。他认为，凡个别的东西，多数的东西都不是真实的东西。我们必须从个别的东西，即殊相之中去考察共相；必须从杂多之中去找唯一。殊相、杂多从属于感觉对象，它是混杂的、虚无的，但它里面却潜藏着真实的共相。于此，柏拉图从唯心论的角度论述了本质与现象的统一。因此，黑格尔指出："柏拉图辩证法的目的在于扰乱并消解人们的有限的表象，以便在人们意识中引起对认识真实存在的科学要求。"

柏拉图扬弃那个从感觉出发的、外在形式的抽象辩证法，这一点是无可非议的。但是如果把真正的辩证法归结为"揭示纯概念的必然运动",那就大错特错了。概念是客观事物的反映,根本没有与客观事物毫不相干的纯概念。但是,我们撇开柏拉图、黑格尔这个唯心论的前提,就马上可以看到他们对辩证法实质性的论述。

(1)照黑格尔看来,柏拉图进行辩证分析的第一步在于:"揭示出特殊的东西的有限性及其中所包含的否定性,并指出特殊的东西事实上并不是它本身那样,而必然要过渡到它的反面,它是有局限性的,有一个否定它的东西,而这东西对于它是本质的。"这就是说,事物自身之中包含着否定其自身的因素,这个否定性导致它向其反面过渡,从而突破自身的局限性,向前发展。因此这个自身具备的内在否定性,乃是它的本质。

(2)达到对一个特殊的东西的内在否定性的揭示,还不是一个真正的辩证论者。这一点,芝诺与普罗泰哥拉斯也在不同程度下可以做到。这就是说,事物的发展过程,并不能停留在否定方面,而必须达到相互否定的双方的结合。对立的结合、统一就是一个复归于肯定的过程。因此,辩证法不能孤立地只讲"分"而不讲"合";只讲"对立"而不讲"统一";只讲"否定"而不讲"肯定"。如果只讲一面而丢掉另一面,这是用违反辩证法的方法来论述辩证法,其结果只能是缘木求鱼,与辩证法背道而驰。矛盾和对立必须被扬弃而复归于统一,这一点正是柏拉图所特有的。它表明两个相互否定的对立面的结合,就是说,否定要再被否定,达到否定之否定。所谓否定之否定,说的是矛盾的消解、对立的扬弃而复归于肯定的过程。只有达到这一点,其结果才是具体的、真理性的。柏拉图尖锐指出:"想把一切分开,另一方面也是不合理的,其实是最不学无术,最违反爱智精神。"他认为不承认否定之否定复归于肯定,乃是无知与缺乏哲学意识的表现。

（3）关于结合、统一、复归于肯定的思想，是辩证法一个不可废弃的主要思想。结合、统一、肯定才是辩证发展过程的归宿。否则，"辩证发展"就蜕变为无穷进展，这正是一种恶的无限性。所谓达到结合、统一、复归于肯定，就意味着矛盾的消解、对立的扬弃。有人认为矛盾的消解、对立的扬弃是什么"矛盾调和论"。其实，消解、扬弃意味着转化，意味着旧事物消亡，新事物产生。这就是说，所谓矛盾没有了，对立取消了，只是说，旧去新来，在产生的新事物中又有其自身新的否定因素的萌芽，酝酿着新的对立，导致新的矛盾，开始新的变化。因此，统一、结合、复归于肯定，承上启下，是事物完成与过渡的环节。它好像向起点复归，其实，已转化到了另一个层次，开始其新的辩证发展过程。这个世界的本质就是这样一个否定之否定的辩证运动。

当然，柏拉图本人并没有达到我们的论述这样明确的程度，但是，他的辩证法由于融会贯通了前人点点滴滴的创造，所以，他关于本质与现象、否定与肯定等方面的议论是十分精彩的。他的这些思想，尔后到黑格尔手中又得到全面而彻底的发挥，成为马克思辩证法形成与发展的宝贵的思想资料。

九　帝王之师
——亚里士多德的生命辩证法

马其顿的崛起，标志着古希腊城邦制的衰落。马其顿国王腓力二世（公元前359—前336）实际上统治了全希腊。他还想进一步向东方入侵，以遂其把战争带给亚洲，把财富带回希腊的迷梦。他这个梦想被他的儿子亚历山大实现了。亚历山大建立了一个地跨欧、亚、非三洲的大帝国。他成了历史上有名的帝王。

亚历山大的外侵，不单带回了财富，而且带回了东方的古代文明。这些宝贵的精神财富使古希腊文化最杰出的代表、亚历山大的老师亚里士多德（公元前384—前322）的伟大成就得到了更为丰富的养料。

亚里士多德，公元前384年生于希腊北部的斯塔吉拉，他的父亲是马其顿王腓力二世的御医，名叫尼柯马可。亚里士多德的伦理学名著之所以命名为《尼柯马可伦理学》，乃因此书由亚里士多德之子尼柯马可编撰，而其子袭用了乃祖的名字。

公元前367年，年轻的亚里士多德来到雅典求学，受业于柏拉图学园达二十年之久。柏拉图的学园十分重视数学，柏拉图死后，柏拉图的侄儿斯潘息帕斯接了班，亚里士多德发现他在数学的兴趣上和斯潘息帕斯志向不同，决然离去。亚里士多德不喜欢数学，他热爱自然，特别热衷于生物学的研究。这一点对他的思想发展有决定性的影响。

亚里士多德离开柏拉图学园到小亚细亚的亚索斯一带旅行，与当地的统治者希米阿斯的女儿结婚，并进入当地一个规模很小的学校从事哲学与生物学的研究。他的生物学标本绝大部分采集自这个地区。此后约五年，他主要从事生物学的研究。

公元前343年，亚里士多德当了马其顿王储、年仅十三岁的亚历山大的家庭教师。这个孩子在亚里士多德的监护教导下约有三年。相传亚历山大东征时曾命令部属，凡在亚细亚发现了什么新的有关动植物的材料，必须将原物或有关图样送给亚里士多德。这样就大大开阔了亚里士多德研究生物学的领域，使他成为生物学的鼻祖。相传他有五十部这方面的论述。

在人类思维认识的发展与哲学科学的发展历史上，亚里士多德称得上是一位博学的天才的伟大人物。他的著述涉及逻辑学、修辞学、诗学、物理学、植物学、动物学、心理学、经济学、政治学和哲学。据说他的著作达一千篇之多。

亚里士多德作为一个医生的儿子，以及他热爱自然与崇尚实践的精神，使他具有比较明确的唯物倾向。在古代哲人中，其实亚里士多德比其他人更为接近我们的思想，但由于宗教神学长期以来对亚里士多德学说的歪曲，他反而显得与我们相距更远了。尽管他长期受教于柏拉图，也好像信奉柏拉图的客观唯心主义学说，但是他实际上仍然确信经验世界的实在性。他认为经验乃人类知识的基础和出发点，由此才能上升到概念系统，然后达到终极原理的科学，即哲学。

亚里士多德有十四卷探讨终极原理，即第一原理的著作，由于它们编排在物理学著作后面，所以取名为《物理学后编》（τά μετα τά ψυσικα），意译为《形而上学》。这一部分著作议论的就是纯粹哲学问题。

亚里士多德是古希腊哲人中自觉而全面系统地运用概念进行思维的人，而且完备地构造了人类知识的概念体系。正因为如此，他才能成为多少世纪以来举世公认的思维教养的主要负荷者之一。

列宁曾经指出，在亚里士多德的哲学中是有辩证唯物主义观点的，虽说是偶然的、不彻底的。只是这些活生生的东西被以后的僧侣们扼杀了、僵化了。可以说，亚里士多德哲学是当时科学文化知识的全面总结，是当时辩证法发展的最高形态，是古希腊哲学的完成。

亚里士多德关于"共相"的学说，克服了柏拉图的理型与可感事物之间彼此分割的鸿沟，它把普遍的东西与特殊的东西结合起来了。"共相"不像理型那样，与客观事物隔绝，高高在上，作为至善至美的模型，供可感事物效法，而是深藏于事物之中，作为事物之支撑。他认为二者彼此结合，共相寓于殊相之中，殊相也不能脱离共相，变成彼此不相干的要素。他曾以动物为例，认为"动物"不能脱离特殊的动物而存在，构成动物的诸要素也不能独立。无疑地，这一分析包含了辩证法思想。

亚里士多德对于自然的了解也不是僵化的。他认为自然就是本身之内具有一个运动或变化根源的物质基质。这无疑是说自然乃运动着的物质，是自身具备变化能力的物质。运动与物质辩证地统一的观点，亚里士多德多多少少是有了一点。

亚里士多德对辩证法的独特贡献，在于他不是从数学推导，也不是从思辨顿悟，而是从自然界的生长过程来论述辩证法，这样就给予辩证法以客观的科学的根据。

所谓"生长过程"，不过是辩证过程的生物学的说法。从自然界的发生、发展与消亡的过程来看，当事物处于潜在阶段尚未充分实现自己时，不能成其为该物。例如胚胎中的动物，从单细胞状态逐渐演化成形，直到脱离母体，成为独立个体，才成其为该动物。这就是生长过程，也就是发展变化的辩证过程。"生长原则"的揭示，使数学式的、思辨的辩证法有了客观物质基础。"生长"才是真正的自然辩证法的核心。

自然的发展产生生命。亚里士多德抓住了自然之中这个最高的最活跃的部分。他立意探究自然界生命自己活动的原则，而且把这个原则推广为自然界的普遍原则。

这个自然界自身运动的过程，照亚里士多德看来，就是从潜在到现实的过程，或者也可以叫作运动的扩散过程。这个过程并不复杂难懂。例如，"看见"就是这样一个过程，"看"是运动的进行，"见"是运动的终极，亦即现实。这就是说，运动不是无限延伸，它要发展到一个终点，才是一个完整的过程。这就是发展的过程性！于此，亚里士多德已深入抓到了辩证法的关键问题了。

发展的过程性，其中包含了有限与无限辩证统一的思想。这一点到后来，在黑格尔辩证法中得到了充分的展开。由于亚里士多德把发展过程看作是生长过程，因此，生命、生长在过程的更替中起着决定作用。黑格尔曾经正确指出：生命原则是亚里士多德所特有的。亚里士多德所开创的生命原则，也就是生长原则、否定原则。生长意味着新陈代谢、推陈出新，这就是一种否定。亚里士多德从分析生命现象出发，抓住生长原则这一关键，把它作为区分事物、规定过程、自己运动的内在力量。这个力量的哲学名称就是：否定性。更精确地说就是：辩证的否定。它乃是运动、变化、发展的内在根据，是辩证法的精髓与灵魂。列宁曾经说："把**生命**包括在逻辑中的思想是可以理解的——并且是天才的。"（《哲学笔记》，第216页）这个天才创见应该说首先是属于亚里士多德的。

亚里士多德从自然领域进入思维领域。他全面地精确地对思维概念的运动做了深入的探讨。这些成果汇集在题名为《工具论》的逻辑著作中。人们都把以三段论为中心的形式逻辑看成是亚里士多德的逻辑学。其实这是他的逻辑著作中极少而且极不重要的一部分。《工具论》所涉及的领域十分广泛,并不局限于形式逻辑。现在所谓的辩证法、逻辑学、认识论一致的提法,其实并不是什么新的探索,《工具论》基本上就是属于这一类综合性的著作。因为其中交织着辩证法、逻辑学、认识论、本体论等内容。黑格尔曾经称赞《工具论》说:"这个逻辑学乃是一部给予它的创始人的深刻思想和抽象能力的最高荣誉的作品。"

亚里士多德关于概念的分析,完全不像现在形式逻辑关于名词的论述那样干瘪无物。正如列宁所讲的,那些活生生的东西都被僧侣们扼杀掉了。亚里士多德试图探讨概念如何表现存在物的本质属性,想概括出那最普遍、最必要的反映存在最根本属性的概念,即范畴,并用这些范畴来描述整个客观世界。例如他探究的质、量、关系、时空等范畴,直到现在仍然是哲学与科学的研究对象。恩格斯讲,历史上只有两个人对概念做了深入的系统的分析,这就是亚里士多德和黑格尔。

亚里士多德关于推理的分析,也不是现在逻辑学教科书上罗列的那些直接推理、间接推理等抽象的公式。他细致地深刻地探讨了推理前提的依据问题。

(1)推理作为一种"证明"。亚里士多德指出作为证明依据的"前提",必须是真的基本的,或者说,我们关于它的知识是本源性的。关于前提的真假及其性质,形式逻辑是不管的,但是这一点恰好是十分重要的。因为前提的真假及其性质不能确定,就谈不上什么"证明"。

（2）推理作为一种论证方式，前提的真假及其性质只是根据一种"意见"，即基于对自身力量的信念。因此，对那些关于科学的第一原理，即基本范畴与规律，不能进一步追问"为什么"，而是基于自身的确信。哪些被确信的意见被普遍采用作为第一原理呢？一般讲，人人赞同的、多数人同意的或者就是为那些具有远见卓识的权威人士所审定的。

（3）推理是引起争议的。如果推理的根据，是从表面幻觉或个人偏见出发，那么论证的原则便是可争议的。因此，必须通过争议、辩论，克服谬误，才能接近或达到真理。

（4）推理的根据是"假定"。如果推理的出发点是假定，就不能认为是真的而且是基本的，从此出发，就不可能得到确定的真理性的结论。尽管"假定"对于科学研究是十分必要的，但它不能作为推理的前提是十分明显的。

亚里士多德关于推理前提的分析，实际上论述了人类认识由不确定到确定的辩证过程。这也就是我们取得真知的过程。科学研究，首先要做出假定，假定通过争议，逐渐为多数或全体所接受并为权威所审定，最后达到本源性认识，从而确定其为真的而且是基本的，于是不确定的假定得到证明而成为确定的真理。虽然亚里士多德关于推理的分析，其相互联系、推移过渡的线索是不明确的，但是，应该认为他实际上是掌握了科学认识的诸环节的。

问题在于如何做出"假定"。世人都认为亚里士多德是演绎法的倡导者，好像他不大注意归纳法。其实不然。他认为归纳乃是从个别到一般的过渡。他曾经举例说，假定一个熟练的领航员是有最高效能的，同样，熟练的驾驶员也是，那么，一般讲来，可归纳得出一个普遍命题，即熟练的工作者在他的专业中乃是最好的工作者。因此，归纳是假定的基础。亚里士多德指出："归纳法更加令人信服而且明白清楚：它更多地、无困难地为感性的运用所研习，而且通常为群众所接受。至于推理对付那些思想混乱的人则更加强有力和有效能。"可见亚里士多德本人是更加信服归纳法的，而演绎推理，照他看来只是纠正思想混乱的药方。看来亚里士多德实际上已接近了归纳与演绎的统一，从个别到一般，从一般到个别的统一。这种本来就有的辩证联系，后来被截为两段。几乎不谈他关于归纳法的思想了，仿佛归纳法到培根时才被发现，这是不符合历史事实的。

亚里士多德的辩证法，并不止于静态的抽象分析，也不尽是智慧灵感的闪光，而是从自然自身的发展、思维自身的发展中总结出来的科学结论。

亚里士多德的辩证法处于古希腊的高峰，他对当时辩证思维发展的全面综合，就使得古希腊的辩证法扬弃了神秘抽象的唯心色彩，克服了直观顿悟的主观倾向，从而具有了原始的科学形态，成了西欧辩证思维前进运动的最初渊源。

十　黑暗中的黎明
—— 中世纪信仰与理性的斗争

亚里士多德在哲学与科学领域所取得的历史性的巨大成就，表明了古希腊战胜了神话与宗教的信仰传统，理性与智慧的光芒驱散了奥林匹斯的神秘的云光雾影，人们开始冷静地如实地多少辩证地来看待这个世界了。然而，人们究竟还不能完全了解自然、征服自然，更不能解开社会的症结，扫净人间的不平。贝多芬以他那强有力的旋律，谱出了扭直命运曲线的凯歌，这只是他感情上的向往而已。在业已逝去的历史年代里，"命运"仍然是一股不可抗拒的力量。

信仰经过理性的冲击之后，现在又重新登上了山峰，并将它那重新焕发的诱人的、催眠的色彩映射到山河大地。人们在同自然与社会的压力的搏斗中败下阵来，以为只有仰仗一个有着无边法力的神来庇护他，才能多多少少得到一点精神的慰藉与心灵的安顿。其实是让那骚扰不安、悲观绝望的心情获得暂时的麻痹。这就是马克思所讲的宗教的鸦片烟作用。于是，宗教的权威逐渐形成，它瓦解着人们的理性与智慧所取得的初步成就。

这样，西欧便进入了中世纪。中世纪，宗教驾临于一切之上，成为封建制度的精神支柱。它取得世俗的权威，直接干预社会与政治，而且克服了多神教的民族性与直观性，产生了世界性的宗教。在西欧，基督教便是这样的宗教。它夺得了神权世界的王冠，支配各国的朝政，它对世俗与精神的绝对专横的千年统治，便是上述从理性到信仰的转折的现实。

信仰的复辟，不是简单地倒退到原始的神话宗教的单纯状态，而是汲取了它的敌人——理性与智慧——的精华作为生命复苏的起搏器，从而使它更加具有迷人的力量与绝对的权威。

宗教从直观的特殊的形态过渡到思辨的普遍的形态，从自然宗教发展到超自然宗教，从多神教发展到一神教，这是宗教变迁的一个跃进。信仰需要理性，宗教需要哲学，才能完成它的这一决定性的一跃。理性屈从于信仰，哲学变成宗教的奴婢，这固然是哲学的不幸，理性的无光。但是，宗教信仰有待哲学理性的论证，又说明宗教信仰吞下了一只苦果，使它内部产生了分裂其自身的"否定信仰、扬弃宗教"的因素。当宗教君临一切，走向精神世界的顶峰，却展现了倾塌瓦解的前景。

宗教信仰与哲学理性、科学知识的普遍精神是不相容的。它叫人顶礼膜拜上帝，把自己看成是不由自主的木偶。你必须无条件地听从"上帝"的摆布，而不能问一声"为什么"。正如费尔巴哈所讲："因为在否定性的宗教占居统治地位的条件下，人仿佛不敢展开自己的视线，不敢用自己的手摘下知识树上的禁果。"因此，宗教信仰的本性是禁锢科学知识、弃绝哲学理性的。它相信奇迹出现、神灵显圣，正如歌德借浮士德之口所说："奇迹是信仰的最爱的儿孙。"

但是，科学真理与哲学智慧，客观上又是禁锢不了的，以致宗教为了维护自己的存在，单靠装神弄鬼的迷信活动和无条件的盲从已不行了。这样，就迫使它不得不利用哲学的拐杖来支持它虚弱的身体。据说教皇庇护二世曾经讲过这样一句话："基督教如果未被奇迹所证实，也应该以其正道而被接受。"这句话可以理解为：如果宗教靠神灵显圣等奇迹来骗人已经无济于事了，就应该采取推理论证的"正道"使人信服。这就是说，宗教信仰的维系，必须乞灵于哲学理性思维。

但是，当神学使用上了论证分析的方法，就意味着信仰的对象变成了思维的对象，因而神学也就变成了哲学。神学的哲学化，表明其自身的否定；哲学的神学化，表明其自身的僵化。这就是说，神学把信仰作为思维的对象，绝不是对信仰的加强，而是对信仰的瓦解。那虔诚的默祷，被怀疑精神所骚扰；那赤诚的献身，被现实计算所否定；那忘我的热情，被幻灭之感所冰消。宗教信仰，这个虚弱垂危的主人，实际上将他的全部家财的管理大权让给了他的奴婢——哲学理性。因此，我们对中世纪哲学的命运与地位，也不必看得过分阴暗而悲观，理性并未屈从于信仰，哲学并未臣服于宗教，它仍然按其本性在悄悄地艰难地前进。

另外，哲学的发展当然不可能不受到宗教与神学的窒息。哲学从此就失去了自由探讨的能力，失去了创造性的活动，失去了对自然界的亲身的阅历，失去了理性的自主性。这样就产生了单调无味、千篇一律的经院哲学。平淡无奇的历史进程，像一潭死水那样，它在自己的缓慢流动中，没有被循序渐进的质的区别所中断。然而，这些区别正是通过这种生气勃勃的循序渐进性，而创造出像急流一样的真正的历史。费尔巴哈对经院哲学的僵化以及它如何不适应历史的发展，便是这样评价的。

因此，经院哲学的产生，一方面意味着神学的瓦解，另一方面又意味着哲学的丧失。但是，这个禁锢科学与哲学的神学变种，这个如此单调无味、千篇一律的教条集成的"经院哲学"，竟然是古代向近代过渡的中间环节，它孕育了否定自身的因素。

经院哲学虽说是为教会服务的，它论证和捍卫的是教会的原则，研究与分析的是一些荒诞不经的问题（例如，驴可能喝圣水吗？），但是，哲学的独立思考精神，理性的自我意识原则，以及知性分析、逻辑推理等方法的应用，好像论证了"上帝存在"问题，但上帝的存在还有待证明，这样就否定了上帝存在的当然性与绝对性，从而在根本上破坏了宗教信仰。这是对宗教信仰没有否定形式的否定。它客观上突破了教会权威的独断原则，体现了独立思考的精神。因此，在经院哲学的僵尸中，就包含了哲学、科学的具有生机的种子。当僵尸腐烂的时刻，种子便萌芽了。

中世纪千年黑暗王国，并不意味着历史的中断，其中蕴含了近代哲学的兴起、科学的发展、文艺的复兴。这就是活生生的历史辩证法的体现：黑暗中的黎明。

十一 知识就是力量
―― 培根揭开哲学的新篇章

宗教的统治、上帝的权威达到绝对的地位后，就必然走向反面。统治着西欧和近东的三大宗教：犹太教、基督教、伊斯兰教都开始受到人们的怀疑。有一句有名的谚语说：曾欺骗了这个世界的三个人，是摩西、基督和穆罕默德。人们看透了教士们卑污的灵魂，他们欺骗、偷盗和私通，而当他们用尽一切无耻手段之后，又装成圣徒，伪造奇迹，掩盖自己的污言秽行。

对上帝的怀疑，意味着人的觉醒。人们开始不敬重上帝，不相信灵魂不死、可升天堂下炼狱等说法了。总之，他们"不相信屋顶以上的事"，人们开始认真对待自己以及自己生活的这个人间了。这样就出现了所谓"人文主义"的思潮。这种思潮在欧洲反封建、反教会的斗争中起过积极作用。人文主义的最初表现是现实的有唯物倾向的，它反对教会虚伪的禁欲主义，它向经院哲学挑战，它尊重人的独立地位，为哲学与科学的发展扫清了封建神权的障碍。

与人文主义思潮相结合的是伟大的文艺复兴运动。此时人们复活古希腊的思想，贪婪地汲取古代知识，从而使有教养的人从偏狭的中古文化里解放出来。他们在一切问题上向权威挑战。个人天才的自由发展突破了中世纪对人性的禁锢。他们厌弃那些遁世绝俗的正统学说，把知识活动看成是乐趣横生的社会性活动。这种氛围，培育了一代新人。

倡导"知识就是力量"的培根（1561—1626），就是这一代新人中的杰出代表。作为维鲁拉姆男爵、圣·亚尔本子爵的培根，与作为近代唯物哲学、经验归纳法先驱的培根是十分矛盾的。他政誉不佳，很不体面地退出了政治舞台。显赫的政治高位给他带来的是虚名与屈辱，尔后闭门读书的退隐生活才真正发挥了他的聪明才智，从而做出了对人类有益的贡献。培根在政治上的失足，反而有利于他的科学才干的发挥。他脱离了政治生涯中杯觥交错、繁文缛节的奢侈豪华场面，回到科学和哲学所需要的安静与朴实的生活之中。他在热烈的知识与真理的追求中，重新获得了生活的真正乐趣。他说："人有多少知识，就有多少力量，他的知识和他的能力是相等的，只有倾听自然的呼声（使自己的理智服从于自然）的人，才能统治世界。"在那个膜拜权威、服从圣谕、相信奇迹的年代里，培根的"知识就是力量"的号召是具有革命意义的。

培根继承了文艺复兴以来人文主义的传统，重视人在自然界的作用。为科学、为真理而献身的布鲁诺，对自然的看法不停留在片面的、孤立的感性材料之上，而善于从自然界的完整性和无限性方面观察与阐述自然界。培根是信服这种主张的。

把培根看成是一个简单的经验论者似乎是不恰当的，与其说他片面强调经验，倒不如说他更为重视理性对于经验的概括作用。培根从不可避免的必然性来看待经验，把它提升为科学原则本身，从而将它纳入哲学思考的范围。于是"经验"从耳闻目见的偶然性与个别性之中解放出来，变成理性分析的对象了。建立在这种通过理性分析的经验之上的"自然科学"，才是真正现代意义上的科学，而且成为我们全部知识的原则和泉源。因此，就培根看来，经验只是手段,而不是目的;只是发端,而不是结果。它必须提升到哲学认识的高度,才算达到目的,有了结果。

作为认识出发点的经验,并不是一盘散沙。也就是说,它不是对自然消极的零星的反映。作为科学与哲学基石的经验,是经过人的思维加了工的,是经过人的认识而集约了的。因此,照培根看来,没有什么脱离理性思维的纯粹感觉经验。

经验不是单纯的感觉,而是人独立思考的结果。培根从来就不轻信感官的报道,认为感觉本身乃是一种不可靠的和容易发生错误的东西。那些延伸与扩大感觉的工具,由于感觉靠不住,这些工具也就没有大用处。因此,不能把经验与感觉完全等同起来。经验应该视为感觉材料的理论概括。因此,对事物的"形式"的认识,恰好是知识和经验的对象和目的。这个"形式"指的是什么呢?是事物的共相、类、观念。由此看来,经验活动并不是一种单纯的感性活动。实际上,它是感性上升到理性而形成观念的过程。那种把经验与观念、理性截然分开的看法是对"经验"的歪曲,也是经验主义的由来。培根把经验看作感性与理性的统一,这里就有辩证思想。谁能说培根没有一点辩证法呢?当然,培根对于理性的理解,不是辩证的,而是知性的,并且带有经验主义的倾向。

培根力图振兴科学,强调实验的作用,因为只有通过实验手段,才能接触到自然和事物本身。对于培根的实验法的理解也有简单化、机械化的倾向,以为实验仅仅是为了某一特定目的而进行的。培根认为实验的目的在于探求真理,在于用来发现原因与公理,从而推动知识的进一步发展。所以培根的实验是与理性紧密相连的,并以追求哲学的终极原因为目的的。培根把这样的实验叫作光明的实验。光明的实验乃是包含理智手段与哲学目的的实验。无疑的,此处又流露了培根的辩证思想。

培根还认为实验技术需要工具，而最重要的工具是精神工具。这个精神工具就是归纳法。他说："唯一的希望就在于真正的归纳。"培根提出真正的归纳以示有别于那种主观随意的简单的、枚举的归纳法。他要求对例证进行全面的科学分析，这样就使得他的归纳法实际上是在辩证精神的指导下进行的。

因此，培根虽然没有正面论述与规定辩证法，但他对经验、实验、归纳等科学方法的探讨是极富辩证精神的。这种辩证精神是更宝贵的，如果科学方法不贯穿这种精神，那就等于没有生命，没有灵魂。

十二　我思故我在
——近代哲学的始祖笛卡儿

把思维的作用提到突出的、根本的地位，这是被誉为近代哲学始祖的笛卡儿（1596—1650）的主张。黑格尔认为将"思想规定"作为出发点，作为哲学的原则，是笛卡儿时代的特点，是他的时代的方式。"思想规定"同"感觉印象"相比有一个极大的优点，就是它确定不移，不像感觉印象那样瞬息万变。从思想规定出发解释世界当然是唯心主义的，强调"确定不移"却是近代意义的精确科学的绝对要求。

笛卡儿从小博览群书，涉猎古代典籍以及哲学、数学、化学、物理、天文各个领域，但是，好读书，不求甚解。他习惯于闭户独思，曾两次退出巴黎的社交界，隐居郊区，沉思漫想，研究几何。笛卡儿的《方法论》大约于1620年冬在巴伐利亚写成。他自己说：他苦于天气严寒，早晨钻进一个火炉子（那时欧洲有一种火炉子，可以将人罩在里面取暖），整日待在里面沉思，钻出火炉，哲学半成。可见他的著作属于自己想的居多。因此，他强调思想的作用是很自然的了。

笛卡儿懦弱胆小，一贯阿谀教士，奉行教会仪式，绝不逾越。但是思想上却驰骋于天地之间，探幽发微，完全摆脱了宗教的束缚，是一个伽利略式的异端。他可能害怕遭受到伽利略被判罪的命运，拒不发表他的地球自转和宇宙无限的巨著《宇宙论》。因为这是违背宗教正统观点的。

笛卡儿的这种矛盾性格也表现在他的学术活动上。他固然强调思维、心灵的首要作用，说它是独立自在的实体，但又认为物质、身体也是独立自在的实体，并不是思维、心灵派生的附属品。因此，哲学史上把笛卡儿叫作心物二元论者。不过，马克思倒是看重他的实质上的唯物倾向及其对自然科学的巨大贡献的。马克思曾经讲过："**笛卡儿**的唯物主义成为**真正的自然科学**的财产。"（《马克思恩格斯全集》第2卷，第166页）

笛卡儿在数学上的贡献是尽人皆知的。他是坐标几何的倡导者。他在方法论上的创造在于解析方法的运用。所谓解析方法是先假定问题已经解决，再审查此假定的种种结论；他还把代数应用到几何上。笛卡儿解析几何的发明，为近代数学的前进指明了方向。它沟通了几何与代数两个学科，从而说明了不同学科之间相互渗透、相互联系的辩证关系。

对数学的研究与偏爱，对他的思想方法与哲学体系的形成有着决定性的影响。他非常欣赏数学的明晰性与严格性。他认为："任何事物，如果看来不比几何学家已往那些证明更加明白，更加清楚，我就不把它当作真的。"

我们也可以把他看作是牛顿力学的先行者。他认为单一而不可分的东西，永远自身同一，只有通过外力才能发生变化。如果静止，没有外力，不可能运动；如果运动，没有阻力，不可能静止。这样一些观点，不都是牛顿力学的基本内容吗？笛卡儿把机械力学观点作为自然界普遍适用的规律，可以看作是日后机械唯物论的始倡者。笛卡儿甚至把动物也看作是一架机器。于此，他实际上比亚里士多德倒退了，亚里士多德把自然看成为一个生长过程。在笛卡儿看来，无机界和有机界是由在质上相同的物体组成的一个同源的机械体系，其中每一物体都遵循着由数学分析方法所揭示的量的规定性所组成的机械规律。笛卡儿的这种片面性，对后世影响极大。现在我们讨论的是他影响的消极的一面，即机械的反辩证法的一面，殊不知这里面竟然还有某些科学的、辩证的东西。

宇宙万事万物的同源性，这一点是合理的。每一事物的量的规定性导致质的差别性，这里多少指出了质与量的辩证联系。当然这些思想的闪现，在他的体系之中并不是主要的。

他在人类思维发展之中最主要的贡献，在于对思维的实质及其在哲学体系中的地位的探讨。他有感于数学的精确性与严格性，强调一个推导系统的基本概念与基本命题只有确定不移，才能保证系统的可靠性与必然性。因此，笛卡儿对教会权威、哲学前提、科学假说一概持怀疑态度。

笛卡儿对于那些并非完全明确肯定的东西提出怀疑，但绝不是一个片面地怀疑一切、否定一切的虚无主义者。他是为了获得确定性而怀疑，他把怀疑看作是坚定明确的认识所必须的条件与方法。凡事都要问一个"为什么"，笛卡儿的怀疑就是这种思维状态。因此，怀疑是从不确定走向确定。从不知走向确知的一个辩证过渡的环节。他的所谓怀疑一切，指的是必须抛开一切成见、一切直接被确定为真实的假设，而从怀疑开始，把"怀疑"作为思维的开始、哲学的起点。而这样的怀疑正是思维自身的表现，是哲学活动的灵魂。

怀疑是思维活动的否定形式，思维的否定性正是思维的实质。怀疑、深思其实是一回事，它与那种不动脑筋、把一切视为当然的态度是针锋相对的。确实，没有怀疑，就没有哲学、没有科学、没有思维的前进运动。

但是，能够没完没了地怀疑下去吗？笛卡儿认为，你可以怀疑一切，唯独"怀疑本身"不能怀疑，亦即思维本身不能怀疑。也就是说，思维的否定性必须加以肯定。于是怀疑一切向确定不移转化，否定向肯定转化。在这里，笛卡儿不自觉地使用了辩证法。

怀疑本身不能怀疑，表示对思维的直接确认。思维得到了确认，认识就有了起点。思维是虚无缥缈的，它必须有所依托。那么，什么东西思维呢？"我"思维。于是，由于思维得到确认，这个"我"也得到了确认。笛卡儿说，"当我要想把一切事物都想成是虚假的时候，这个进行思维的'我'必然非是某种东西不可；我认识到'我思故我在'（cogitoergo sum）这条真理非常牢靠，十分确实，怀疑论者的所有最狂妄的假定都无法把它推翻"，"因此，'我思故我在'这一认识，是第一号最确定的认识，任何一个有条理地进行哲学推理的人都会明白见到的"。

"我思故我在。"什么是我的思维呢？它不外是怀疑，不外是假定什么也不存在，不外是将思维与物体加以分离与区别，并加以否定。什么是我的存在呢？我的思维就是我的存在，两者是完全同一的。

关于笛卡儿这一命题有这样一种流行的解释，即笛卡儿主张思维第一性，存在第二性，存在是由思维推导出来的。这种"推理"的说法，不一定符合笛卡儿的本意。笛卡儿曾经明确说过："因为，当我们把自己看作思维的存在物体，这并不是一个通过推理得出的概念；同样地，我思故我在这个命题也是如此，存在也不是通过三段论法从思维中推出来的，这里只不过通过直觉的活动承认一个简单地给予的事实。"因此，笛卡儿的思维与存在同一的观点，要义在说明"认识主体"的客观性、主观思维的客观存在性，亦即"思维"不是虚幻的、抽象的、外在于我的东西，它正是我之所以为我的本质;而"存在"并不是木然空洞的僵尸,它正是因其自身所固有的思维作用而成为一个活生生的实体。"思维"是抽象的"我","我"是具体的"思维"。

至于笛卡儿把这一命题的根据归之于对给予的事实的直觉,说明笛卡儿事实上承认思维的物质基础,理性的感性根据。他不是一个纯粹的理性主义者,正如培根不是一个纯粹的经验主义者一样。

笛卡儿式的怀疑,对宗教权威是一个沉重的打击,它是科学兴起的曙光、哲学解放的先锋。笛卡儿作为近代科学的奠基者、近代哲学的创始人是当之无愧的。

十三 特种的灵魂
—— 莱布尼茨"单子论"中自己运动的原则

马克思的至友库格曼医生，1870年给马克思送的一件生日礼物是莱布尼茨（1646—1716）工作室里的两条壁毯。马克思告诉恩格斯："我已把这两样东西挂在我的工作室里。你知道，我是佩服莱布尼茨的。"（《马克思恩格斯全集》第32卷，第489页）马克思佩服莱布尼茨，当然不是佩服他巴结权贵、讨好后妃、小气吝啬、作风庸俗的一面，而是佩服他才智超人、思想深邃、学识渊博、富于逻辑天才与辩证思维的一面。莱布尼茨不但在数学和逻辑方面有划时代的创造（他是微积分和数理逻辑的创始人），在科学技术上有所发明（他制造过计算机，参加过蒸汽机、抽水机的设计），更重要的是他从青年时代起就在哲学上进行思考，期望在哲学上建立可靠的根据。

莱布尼茨不同于那些庸俗肤浅的"哲学家"以追逐时髦为能事。他服膺德国近代哲学立足于希腊哲学的传统，认为："如果哲学把古代思想全盘否定，而不是加以改善，至少没有把亚里士多德的原著中包含着的大量卓越思想加以肯定，那对哲学是没有什么好处的。"当然，他的极其广泛的兴趣以及学术上的宽容态度，使他能从各种对立的学派中汲取有益的东西，从而丰富自己。因此，笛卡儿、斯宾诺莎等人的思想也深深吸引了他。可以说，莱布尼茨吸收了西欧古今哲学精英的思想,为德国古典哲学的形成准备了条件。

莱布尼茨的"单子论"是他哲学的核心,是希腊哲学在近代德国的综合加工。莱布尼茨说过:"你要了解我,必须了解德谟克利特、柏拉图和亚里士多德。"莱布尼茨的那个"单子",海涅认为是从一个哲学家头脑里想出来的最引人注目的假设。其实,"单子"并不是莱布尼茨凭空幻想的,而是从古希腊哲学受到启发的。"单子"这个词就是从毕达哥拉斯学派那里借用来的,而单子被规定为精神原子,正是对德谟克利特的物质原子概念以及柏拉图的理型、亚里士多德的共相的综合改造。莱布尼茨反对斯宾诺莎那个唯一的实体,而认为有无限多个的精神实体,这些实体就叫作单子。单子不可分,它似乎具有若干物理质点的性质,但是,事实上,如列宁所讲的,单子只是一个"特种的灵魂"。

古希腊德谟克利特的"原子"比莱布尼茨的"单子"并不具备更多的现实性。德谟克利特的"原子"也是想象的产物。"原子"成为现实,是近代科学实验的结果。当然,莱布尼茨的设想是和德谟克利特不同的。莱布尼茨退步的地方是把单子规定为精神实体。但他的设想也有其优胜之处。那就是他扬弃了德谟克利特的原子外在机械离合的特点,强调单子的自然变化是从一个内在原则而来。莱布尼茨借用了亚里士多德的"隐德来希"(Entelechie)来说明单子的完满性与自足性。这就是说,单子自己就是目的和目的的实现,即一种内在目的性的实现,自己运动的扩散发展到完全的现实。因此,莱布尼茨的"Entelechie"是一种内在的力,是变化的原则,是内在活动的泉源。他于此实际上接受了亚里士多德的生长原则。作为内在活动的泉源的力,不是机械力,而是活力,是生长。作为特种的灵魂的单子其实就是一种内在的活力。尽管莱布尼茨有物质实体是精神单子派生的唯心观点,但是,他并不像笛卡儿所认为的那样，物质实体只具有广延性，它是僵死的，由外力推动的。莱布尼茨认为物质乃是在自身中具有活动力，具有永不静止的活动原则的实体。当然，他在论述这一原则时，唯心主义的立场是十分明显的。列宁便说过，根据他理解的莱布尼茨学说，可以说："单子＝特种的灵魂。莱布尼茨＝唯心主义者。而物质是灵魂的异在或是一种用世俗的、肉体的联系把单子粘在一起的浆糊。"(《哲学笔记》，第430页)不过，列宁还认为，"活力"、"自己运动"的原则，实际上"接近了物质和运动的不可分割的（并且是普遍的、绝对的）联系的原则。"(《哲学笔记》，第427页) 马克思曾经在这一点上对莱布尼茨表示敬佩，因为他揭示了辩证法的根本原则。

莱布尼茨这个自己运动的单子构成了整个宇宙。这个无限众多的、各不相同的、从个别实体形态表现出来的世界，无非是单子不同表现的各个侧面。世界上的每一个物体都与宇宙中所发生的一切，直接间接牵连着，一切物质处于相互联系之中。现在之中孕育着未来，包含着往昔；最遥远的彼处包含着最邻近的此地。总之，自然界中没有任何绝对间断的东西；一切对立面、空间、时间和方式的一切界限都消失在宇宙的绝对连贯性、宇宙的无限联系面前。点仿佛是无限小的线；静止不外是由于不断减弱而正在消失的运动；平衡不外是正在消失的不平衡。这条关于连贯性的规律在任何时候和任何地方都不会使自然界受到损害。莱布尼茨关于宇宙普遍联系的论述抓住了自然界辩证发展的本质，尔后恩格斯正是以这一观点规定辩证法的。因此，列宁指出："这里是特种的辩证法，而且是非常深刻的辩证法，尽管有唯心主义和僧侣主义。"(《哲学笔记》，第431页)

如果说，莱布尼茨在哲学本体论的论述中还有明显的唯心主义，那么，他在数学与逻辑的探讨中，就很少唯心主义的色彩了。他关于无穷小计算法的发明、或然率的研究，即现在通称的微积分与概率论对当代科学的发展，特别是对微观世界的探讨是一项必不可少的数学工具，而且其中所包含的辩证思想已为许多哲学家、科学家加以充分阐明了。

关于莱布尼茨的逻辑学的改造工作，由于计算机科学的进展也开始受到重视了。他对传统逻辑的三段论的缺点早有看法，试图使用数学、符号方法来改造主谓命题形式的传统逻辑，期望以精确的计算来代替思考。莱布尼茨认为，建立一个一般的符号体系来表述一个科学系统是适宜的。人们往往把符号逻辑看成是一种形式的概念游戏而加以否定，这实在是一种误解。莱布尼茨是最不满意形式空洞的研究的，他力图将其引导到自然社会领域，但是又不能使自己的探讨停留在感性经验之上，感性经验必须经过条理化、系统化，并做出理性的论证，才能上升为科学。他最反对那种举例证明，就事论事的浅薄作风。他挖苦说："禽兽纯粹凭经验，只靠例子来指导自己，因为就我们所能判断的来说，禽兽决达不到提出必然命题的地步，而人类则能有证明的科学知识。"因此，莱布尼茨从现实出发，又力图扬弃经验的表面性、狭隘性、偶然性，求得恰当的、明晰的认识，从而建立一般科学及其逻辑结构——符号系统。因此，符号系统仿佛是空洞形式的复归，实际上是向更高一个层次的发展。

莱布尼茨逻辑思维的发展也经历了一个自身辩证发展的过程，即从空洞形式的批判到对自然社会的认识的探讨，最后到一般科学的符号系统的建立。这正是一个否定之否定的辩证进程。

从培根、笛卡儿到莱布尼茨，表现了近代哲学的"科学精神"。

古希腊没有严格意义的科学，科学即哲学，而哲学即知识。而近代哲学却是从科学开始的，它实际上是理论科学。真正的科学的特征在于从客观世界出发，通过经验的归纳、理性的分析、实验的验证从而摆脱单纯的思辨推理，开始认真研究自然界，从自然界本身去探求它的内在规律。因此，近代科学是建立在认识与改造自然的基础之上的。它以日新月异的速度推动着社会前进。这时，知识科学化，哲学即科学。哲学的探讨与科学的研究同时进行，哲学把科学的成果上升到理论原则与方法论的高度。原则与方法的普遍有效性又进一步指导与推动科学前进。

哲学的科学化，使它从本体论的追求转而侧重认识论的探讨。

近代哲学，认真分析了人们的认识功能，对经验与理性做了切实的分析与研究。在这个基础上，近代哲学大大地发展与充实了实验与归纳方法。这种方法支配着科学技术的发展，迄今仍然是科学研究的不可废弃的重要方法。它成了科学的逻辑骨骼系统，没有它，科学的大厦便将倾塌。

近代哲学的认识论与方法论有合理的内容与辩证法的因素，然而也有严重缺陷。它由于对细节研究的精深，往往忽略整体的联系，因而辩证综合的意识也就显得比较淡薄。

科学继续前进，各门学科相互之间的联系与渗透日益加强，现代科学技术已不能停留在简单的实验与归纳的基础之上了，它趋向于辩证的综合，科学的发展势将复归于哲学。唯物辩证法的形成，既是科学技术发展的必然产物，也是发展科学技术的必由之路。

近代哲学的进一步发展，在法国，通过启蒙教育家开拓了人们的思想领域。他们将科学的成果提高到哲学水平，确立了唯物主义的观点，虽然这种唯物主义以其机械性而排斥了辩证法，但是它的杰出代表们的学说中仍然不乏辩证的因素。在德国，则在神秘的唯心主义的外壳内，系统地、全面地展开了对辩证法的探讨，为日后唯物辩证法的诞生准备了丰富的、完整的理论资料。

十四　矛盾的结晶
——法国启蒙思想家卢梭

卢梭（1712—1778）不能被认作是一个严格的哲学家。但是，他对人类思想发展广泛而深刻的影响，却比那些终生陷入僵硬而抽象的教条之中的人要大得多。他的那部带有传记性质的《忏悔录》，甚至在我国中学生之中都在流传，从二十世纪二十年代前后开始，《爱弥尔》在教育界也被争相传诵。

卢梭出生于日内瓦，是一个加尔文派的信徒，但他并无坚定的宗教信仰，为了生活，他改宗天主教，后来又回头信奉新教。他不讳言他改宗的动机完全是为了取得报酬，因而他坦率地承认："我不能假装不知道我就要做的神圣行为其实是盗贼行为。"

他父亲是个钟表匠兼舞蹈教师，母亲早死，由姑母抚育成人。他没有受过正规教育，沉沦在社会底层当学徒营生，但他并无恒心，干一行怨一行，终于在十六岁那年逃离日内瓦，开始了他的流浪放荡的生活。后来他受到一位妩媚多姿的贵妇瓦朗夫人的垂青，在她家差不多度过了十载光阴。这位他昵称为"妈妈"的贵妇人终于做了他的情妇，而且卢梭与她的杂役共享她的"爱情"。

他没有正式结婚，却与巴黎一个旅馆中的仆妇瓦色终生同居，生了五个孩子，全部抛弃，送进育婴堂。瓦色是一个文盲，卢梭其实对她并无真正的爱情。

这样一个被世俗眼光视为放荡不羁、毫无怜幼之心的人，居然真诚地谈论美好情操、高尚道德、教育儿童，实在令人吃惊。卢梭集情感与理智的纠葛于一身，他简直是矛盾的结晶。

卢梭继承了文艺复兴时期人文主义的思潮，要求民主、自由、平等。他强调情操，摒弃理性，认为科学文化是使人怠惰狡诈的根源，是道德败坏的渊薮。因此，他主张回到自然的纯朴状态中去，颇有一点老子的"绝圣弃智、返璞归真"的味道。

这样一个感情强烈，厌恶理性的人，竟然深刻影响了那个"纯粹理性"化身的康德。康德说他自己爱好研究、求知心切、蔑视贱民，后来是"卢梭纠正了我。骄傲的优越感消失了，我逐渐尊重人类。如果我不相信这种思考能够使我承认其他一切职业有价值，即重新确定人类的权利，我想我自己还不如一个普通劳动者那样有用"。显然，康德接受了卢梭的民主平等的思想。

卢梭在论述平等问题上，有深刻的辩证法思想。他认为人类有两种不平等：一种是自然的差别，例如，年龄大小、健康好坏、体力强弱、智力高低等；另一种是社会政治的不平等，这是由于某些人享受了损害他人的特权而造成，例如，有权势、有地位，有金钱就可使人依附、屈从于自己。

自然的差别不能构成社会不平等的根源。社会不平等的根源只能从社会关系中去寻找。因此，卢梭说：奴役关系的形成，既然是由于人们的相互依赖，由于那些把人们联系起来的相互需要，那么，不把一个人预先放在离开别人就活不下去的境况中，是根本不可能奴役他的。卢梭断定，从一个人需要另一个人帮助的那一刻起，从人们发觉一个人拥有两个人的粮食是有利的那一刻起，平等就消失了，所有制便产生了，劳动就变成强迫的了。所有权一旦被承认，便势将建立保护所有权不被侵犯的相应的规章制度，于是国家与法律，这种统治人的政治手段就合乎逻辑地产生了。在富人方面，一经尝到了统治的乐趣，也就立刻把其他快乐都不放在眼里，他们利用自己旧有的奴隶去征服新的奴隶，心里想的也无非是压服和奴役自己的邻人。国家与法律，把新的羁绊给予弱者，把新的力量给予富人，把所有权和不平等的法律永远规定下来，使一种狡猾的霸占成为一种无可挽回的权利，并且为了某些野心家的利益，使全人类从此以后承受着劳苦、奴役和贫困。这种情况发展到极端，便形成专制独裁。卢梭指出："任何地方只要处在专制统治之下，就 cui ex honesto nulla est spes（谁也不能对正直存任何指望），它是不能容忍任何别的主人的；只要它一说话，就不用去问公正和义务；极度盲目的服从，乃是奴隶们留下来的唯一美德。"

专制独裁产生了暴君，形成了人间极度的不平等。于此，卢梭认识到物极必反、向起点复归的辩证法原理。他说，暴君的出现，不平等达到最后阶段，"也就是结束循环，接触到我们原来的出发点的极点；在这里，所有的个人都变得平等起来，因为他们一文不值"，在暴君面前，统统等于零，于是他们又重新回到一个新的自然状态。与始初的自然状态的不同仅在于：前者是纯粹的自然状态，后者是腐化过度的结果。

卢梭把社会不平等的产生归咎于科学文化的发展，这当然是不正确的。但他指出，人类从自然状态进入社会关系之中，于是自然的平等状态被社会不平等所否定；而社会不平等发展到极端，在暴君一人面前，人人又复归于平等，于是社会的不平等又为人人平等的新的自然状态所否定。现实的否定力量，就是推翻暴君的暴力。在这里，卢梭虽然没有使用严格的哲学术语来表述，但他在实际上运用了否定之否定复归于肯定的辩证法规律。

卢梭关于自由的见解，并不是为他年轻时期的放荡行为辩护，也与后来资产阶级的自由主义、个人主义有重大区别。关于自由一词的哲学意义不是他的论述的主题，但是他关于自由的议论比庸俗资产阶级哲学家更具有哲学的意味，而且流露出他思考问题时的辩证精神。

卢梭要献身的那个社会属于资产阶级，这是不言而喻的。我们且撇开这个前提，看看他在论证之中迸发出来的辩证机智。卢梭说，人生来自由，却到处披着枷锁。有些人自以为是别人的主子，却不免比别人更是奴隶。卢梭这句话可以解释为：在尚未纳入社会关系之中的人类自然纯朴状态中，人类没有也不能意识到社会的羁绊，因而是生来自由的。其实原始人群也需要相互依赖才能生存。这种依赖就是对自由的否定。相互依赖进展到社会一部分人对另一部分人的依附，就产生了奴役。卢梭模模糊糊意识到，要想摆脱奴役，不是否定人与人之间相互依赖的社会联系，去享受那种个人的自由放任的生活，而是必须让渡个人的权利服从那社会的总的需要。这就是卢梭所宣称的社会的"总的意志"。总的意志扬弃了那个作为人的本性的天然自由，却保障了社会公民的自由。卢梭所谓公民自由，绝不是个人可以为所欲为，而是受总的意志约束的。公民自觉地服从总的意志，愉快地履行社会义务，从而享受获得社会保障的权利，社会公民便有了精神的自由。卢梭所看重的正是这种精神自由，他指出："只有这种自由才能使人真正成为自己的主人；因为单纯欲望的冲动乃是奴役，服从自己制定的法律才是自由。"这种分析明显地遵循了辩证进程的公式：天然自由—社会意志—公民自由。这不正是肯定—否定—否定之否定的极为深刻的现实说明吗？

资产阶级的后继者未必比他们的革命先辈更高明。罗素便认为卢梭的学说"虽然对民主政治献嘴皮殷勤，倒有为极权国家辩护的倾向"。罗素反对卢梭要求每个人绝对地献出自己的提法，认为这类话"含有完全取消自由和全盘否定人权的意思"。罗素的反对可以看出他缺乏卢梭那样一个辩证的头脑。罗素指出，关于自由的概念，黑格尔深受卢梭的影响，这倒是事实。而马克思主义的辩证的自由观，又是受到黑格尔启发的。因此，把卢梭的辩证法思想，视为辩证法的德意志古典形态的先驱，是完全恰当的。

十五　为真理和正义献身的人
——法国唯物论代表狄德罗

如果说，法国启蒙思想家有比较丰富的辩证法思想，而唯物观点是不够明确的，那么法国杰出的唯物主义代表们，在辩证法方面反而逊色了。

拉·美特利（1709—1751）以他的那部《人是机器》闻名于世。他把笛卡儿的"动物是机器"的论说推向极致，认为人也不过是一架机器，从而使他的唯物论深深地打上了机械论的印记。

爱尔维修（1715—1771）虽然也是法国唯物主义的杰出代表，但是，和拉·美特利一样，也缺乏辩证思想。普列汉诺夫曾经说，爱尔维修这个人，即令当他的本能把他逼上另一个完全相反的观点，逼上辩证法的观点时，也依然是一个形而上学家。

狄德罗（1713—1784）的唯物哲学中倒有一些辩证法的因素。狄德罗的父母是朗格里斯地方的保守的中产阶级，父母原来期望他成为一名神职人员。1728年他赴巴黎求学，从此走上了一条截然相反的道路，这使他的家庭深感失望。其后他取得文学硕士的学位，留居巴黎，从自己的兴趣与爱好出发进行研究，与一些具有自由思想的朋友交往，其中便有卢梭。

狄德罗曾因反对法国的封建压迫与教会统治而被捕。出狱后，他斗志未衰，从事反封建、反教会的理论工作。他组织当时的进步思想家致力于《科学、艺术和手工业的百科全书》的编写工作。经过二十多年的努力，排除各种障碍，终于完成了这部巨著。狄德罗成了"百科全书派"的领袖。恩格斯高度评价了他对革命与科学事业的坚韧不拔的献身精神，说狄德罗由于对真理和正义的热诚而献出了整个生命。

狄德罗把唯心主义者比作瞎子。他说，我们称为唯心主义者的，是这些哲学家：他们只意识到自己的存在，以及那些在他们自己的内部相继出现的感觉，而不承认别的东西；这种狂妄的体系，在我看来，只有在瞎子那里才能产生出来，这种体系，说来真是人心和哲学的耻辱，虽说荒谬绝伦，可是最难驳斥。

狄德罗承认物质的第一性与多样性，他议论物质与自然界时，有不少精彩的辩证思想的流露。

他在回答"世界是什么"这一问题时指出：世界是一个经常变革的组合体，这些变革都标志着一种继续不断地趋于毁灭的倾向；是一些彼此相随、互相推进而又消失不见的东西的一个迅速递进的过程，一个变灭的对称体系；是一个瞬息万变的秩序。狄德罗这番话对世界辩证发展过程的描述是十分深刻而完整的，我们可以说他接近了辩证唯物主义。

他还认为世界的发展变化是日新月异的，所谓"太阳底下无新事"只不过是一种偏见。这种偏见之所以产生，是由于我们器官的软弱无力，由于我们仪器的不完善，由于我们生命的短促。在这一点上，狄德罗甚至比黑格尔这位辩证法大师还先进。因为黑格尔曾经讲过：日光之下无新事，只有在精神范围内发生的变化中才产生新的东西。

狄德罗也达到了物质与运动不可分这样一种辩证观点。他认为某些哲学家说物体没有活动也没有力，这是一个可怕的错误。他认为设想一种静止的物是不可思议的。他问道：难道能设想火是静止的吗？自然中的一切都有它的各种运动，就像你们称之为火的这一团东西一样。在你们称之为火的这一团东西中，每一个分子都有它的本性，它的活动。

照他看来，静止只有相对的意义，所谓绝对静止只是一个抽象的概念。因此，重量并不是一种静止的倾向，而是一种原地运动的倾向。他说，如若认为物质与静止或运动无关，或者竟说物质有趋于静止的倾向，他们自以为解决了问题，其实他们连碰都没有碰到问题。他所强调的物体固有的内部活动，正是自然辩证法的基本观点。

狄德罗在认识论和科学方法论的探讨上，也很少经验论与唯理论那些偏颇的说法。他没有把感觉和思考对立起来，认为一切都归结到从感觉回到思考，又从思考回到感觉：不停地重新进入自身，又走出自身。这是一种蜜蜂的工作：如果不带着蜡重新进入蜂房里面去，你就是白白地跑了许多地方；如果不知道把这些蜡做成蜂巢，你就是白白聚集了许多无用的蜡了。狄德罗多少看到了感觉与思考之间的辩证关系。

他还认为在科学的广阔园地里，关于如何扩大光明，祛除阴暗，有三种主要的方法，即对自然的观察、思考和实验。观察搜集事实，思考把它们组合起来，实验则证实组合的结果。对自然的观察应该专注，思考应该深刻，实验则应该精确。狄德罗注意到这些方法的结合，并认为结合很难，需要有创造性的天才。

研究哲学的真正方式，便在于结合，在于发现事物之间的联系。因此，狄德罗指出：必须应用理智于理智，即对理智进行自省；应用理智及实验于感觉；应用感觉于自然；应用自然于工具的探求；

应用工具于技术的研究及完善化，这些技术将被掷给人民，好教人民尊敬哲学。于此，我们可以说，狄德罗多少看到哲学、自然科学、技术科学、人文科学发展的辩证综合趋势。

狄德罗看到了我们的认识功能的局限性，指出：理智有其偏见；感觉有其不定性；记忆有其限制；想象有其朦胧；工具有其不完善。归结起来，我们认识自然的方法，基本上只有"迂缓的实验"和"狭隘的思考"。这些显然是不够的。于此，我们借用黑格尔的话来讲，狄德罗感到了一种遏止不住的"辩证的逼迫"。我们说，狄德罗已自觉地走到了辩证法的门槛边了，这种评价我想是不过分的。

至于狄德罗运用辩证法去解剖法国封建社会的贵族生活，我们就不论述了。恩格斯曾经指出：狄德罗的《拉摩的侄儿》和卢梭的《论人类不平等的起源和基础》一样，是它们在严格的哲学意义之外所写出的"辩证法的杰作"（《马克思恩格斯选集》第3卷，第59页）。

十六　哲学的故乡
——德国古典哲学的形成

十八世纪前后，资产阶级革命浪潮席卷了欧洲。当时，被黑格尔称为"马背上的世界精神"的拿破仑，把资产阶级的革命精神推向了顶点。而德国，却仍然是一个四分五裂的封建王公割据的集合体；与其说它是一个国家，还不如说它是一个地理上的概念。但是，法国革命毕竟对德国社会产生了深远的影响。由于封建王公的腐朽统治，当时德国"一切都烂透了，动摇了，眼看就要坍塌了，简直没有一线好转的希望，因为这个民族连清除已经死亡了的制度的腐烂尸骸的力量都没有。"(《马克思恩格斯全集》第2卷，第634页）如同马克思与恩格斯所描述的："在拿破仑统治下，德国市民还继续靠他们的微小盘剥和伟大幻想过日子。"(《马克思恩格斯全集》第3卷，第214页）德国人民在绝望之余，掀起了对法国的狂热崇拜。资产阶级及贵族中的优秀人物，齐声欢呼，歌颂光荣的法国人民。

1750年左右，德国涌现了一批伟大的思想家：歌德、席勒、康德、费希特，随后又出现了黑格尔、费尔巴哈。政治落后的德国，在哲学上却攀上了时代的顶峰。恩格斯指出："这个时代的每一部杰作都渗透了反抗当时整个德国社会的叛逆的精神。"(《马克思恩格斯全集》第2卷，第634页）但是，就当时整个德国的处境及资产阶级的特性来讲，他们缺乏英国资产阶级的坚定，法国资产阶级的热情。他们固然不满德国现状，向往法国革命，厌恶封建王公，但是更加害怕人民的真正发动。他们是一批被列宁形容为跪着造反的人物。因此，德国资产阶级中最伟大的天才，也免不了德国庸人的气味。马克思和恩格斯曾经形象而深刻地描绘过这个情景："德国哲学痛心疾首地恸哭在它的养父——德国小市民阶级——的灵床前，这就是新时代的宗教在我们面前展示的动人情景。"（《马克思恩格斯全集》第7卷，第242页）连歌德这样的人也无力战胜德国的鄙俗气；相反，倒是鄙俗气战胜了他。这位既是天才诗人、伟大思想家，同时又是魏玛大臣的歌德，他的诗人气质使他厌恶鄙俗的社会风气；但作为宫廷大臣，他又不得不向鄙俗屈膝、迁就。歌德所代表的德国资产阶级的两面性，决定了德国古典哲学的特点。

德国古典哲学是唯心主义的。德国唯心主义和其他一切民族的唯心主义没有任何特殊的区别。它们都认为思想统治着世界，把思想和概念看作是决定性的原则。但是，德国唯心论也有它自己的特色。它有浓厚的思辨色彩和极端抽象的思想模式，再加以表述上又极端晦涩，因此显得高深莫测。当然，这些只是表面的，重要的却在于：在唯心主义的外壳内充满了现实的内容、革命的要求与辩证的精神，以致当列宁谈到黑格尔的逻辑著作时说：在黑格尔这部最唯心的著作中，唯心主义最少，唯物主义最多。虽然矛盾，然而是事实。

恩格斯曾说："德国人是一个哲学民族"，"是一个从不计较实际利益的民族；在德国，当原则和利益发生冲突的时候，原则几乎总是压倒利益。对抽象原则的偏好，对现实和私利的轻视，使德国人在政治上毫无建树"，（《马克思恩格斯全集》第1卷，第591—592页）但在哲学上却成绩辉煌。德国可以称得上是哲学的故乡。

因此，在法国发生政治革命的同时，德国发生了哲学革命。这个革命是由康德开始的。康德突破了莱布尼茨—沃尔夫形而上学的陈旧体系，后经费希特、谢林到黑格尔完成了新的思辨哲学体系。这个由黑格尔建立的集大成的体系包罗万象、思想深奥，是人类思维活动的杰作。他们思想的大胆、理论的深刻与他们政治的保守、作风的平庸形成了十分尖锐的对照。

我们如果对他们的保守与平庸感到厌恶，对他们的哲学的艰深、理论的抽象望而却步，实际上就关闭了通向智慧的大门，模糊了向科学社会主义前进的道路。所以，恩格斯说："德国人要不抛弃使本民族感到骄傲的那些伟大的哲学家，就得接受共产主义。"(《马克思恩格斯全集》第1卷，第591页) 列宁也指出：马克思和恩格斯多次提及，他们智慧的发展，有很多地方得益于德国的大哲学家，尤其是黑格尔。恩格斯甚至说："没有德国哲学，就不会有科学社会主义。"（转引自《列宁全集》第2卷，第5页）

我们即将进入哲学的故乡，道路是崎岖的，风光是明媚的。只要你勇于攀登，德国古典哲学殿堂里幽禁的"神灯"定将照亮你的胸膛，使你沐浴在辩证法的光辉之中，获得人类的智慧之果。应该讲，只有到了这个时候，你才有了比较坚实的理论基础与比较充分的历史准备，去全面地准确地理解马克思主义辩证法。

十七 抽象的哲人
—— 康德的二律背反

海涅曾经讲过：康德的生活史是难于叙述的。因为他既没有生活，又没有历史。他住在德国东北边境一个名叫哥尼斯堡的古老城市的一条僻静小巷里，过着一种有秩序的几乎是刻板的独身生活。

康德（1724—1804）身材矮小，体格纤细，但有一个极不相称的大脑袋。这似乎也象征着他思想丰富，生活单薄。他自己也苦于其貌不扬而精心配制适度的优雅的服装。他身着雅洁的灰色外衣走出家门，漫步在菩提树林荫小道的时候，正值下午三点半钟。数十年如一日，分毫不爽。康德这种表面宁静单调的生活和他那种开拓性的震撼世界、历久不衰的思想影响相比，是多么惊人。

康德深受法国卢梭的影响。卢梭不是严格意义上的哲学家，他和康德迥然不同。卢梭热情奔放，生活浪漫；而康德道德高尚，生活谨严。他们的性格是如此地相反，而信念却如此地相同。卢梭怀抱真诚的民主感情，有一种彻底的自由思想与平等精神。他认为在健康、智力等方面的自然差距或曰不平等是天生的，这一点无可非议。但是，由于传统习惯所造成的特权而形成的不平等，则应该加以反对。康德同情法国革命，信仰民主主义，喜爱卢梭。法国精神在他的思想深处掀起了壮阔的波澜。他的哲学思维的成果，那些有价值的连同那些排泄物甚至极其拙劣的文体，都深刻影响着后世的哲学发展。

康德年轻时代所受的严格的数学与自然科学的训练，对他世界观的形成也是有影响的。他承认大自然是自身发展起来的，没有神来统治的必要。他还认为宇宙的秩序可以找到自然的原因，无须乞灵于上帝。因此，作为自然科学家的康德，是唯物的，不信神的。

1781年，哥尼斯堡出版了康德的《纯粹理性批判》一书。差不多经过了十年，这本书才普遍为人所知晓。从这本书出现起，德国开始了一次精神革命，这次精神革命和法国发生的政治革命，有着令人惊异的类似点。康德这本书之所以重要，在于它是认识论研究的一个突破。他认真分析了认识的主体、思维能力、理性作用等问题。他要求人们在认识之前，首先考察认识的能力。

对于认识能力的分析，康德第一次明确地做了感性、知性与理性的划分。他把这些统统看作是人心所固有的一种天赋能力。无疑地，这里存在着笛卡儿天赋观念的阴影。康德讲过："如果人心的感受力，即人心被激发而接受表象的能力被称为感性，那么，人心从其自身产生表象的能力，即知识的自发性，应当称之为知性。"康德所说的这个知性，通常我们把它和"理性"混用，但是，在康德哲学中是有区别的。黑格尔非常俏皮地说：康德在灵魂的口袋里尽量去摸索里面还有什么认识能力没有，碰巧他发现还有理性。康德发现纯粹理性存在一种自然的与不可避免的辩证法，它与人类理性是不可分离的。原来在康德心目中的理性，乃是有别于知性的一种辩证思维能力。所谓"辩证法"即一种思维的矛盾状态，亦即他以后所说的"二律背反"。"二律背反"即理性的内在矛盾的意思。

康德说，我们的一切知识从感官开始，从感性到知性，最后以理性结束。在理性以外，我们没有再高的能力把直观到的材料加以制作，从而把它放在思想的最高统一性之下。照康德看来，感性是一种接受外界刺激的能力，知性是一种头脑里所固有的逻辑思维能力，拿康德的话来讲，乃是一种利用"规则"来得到现象的统一性的能力；而理性则是一种"原则"的能力，即通过概念在认识无限的对象、普遍的东西时的能力。这一点是知性永远办不到的。康德于此实际上区分了形式逻辑思维与辩证思维。知性一般属于形式逻辑思维范围，而理性可以说指的是辩证思维。当然，康德还不可能明确规定辩证法的含义并认识其重要性。

康德又认为理性并不直接和感性的多样化打交道，而是给予知性的多样性知识以一种先天的统一性。由此看来，知性受感觉的多样性所局限，而理性则摆脱了这种局限，成为一种不受经验局限的先天性的东西了。因此，基于经验的知识是有限的，而理性的知识是无限的。所谓无限的，即它以绝对存在作为对象。所谓绝对存在，意指灵魂、世界与上帝。这里充分暴露了康德的唯心主义倾向。

但是，康德的唯心主义并不那么"纯粹"，他也说过这样的话：思想无内容是空的，直观无概念是盲的，只有当它们联合起来时才能产生知识。这种感性与知性、直观与思想统一的观点，不能说是唯心的，而且多少有点辩证法的内容。

另外，人心所具备的感受力要受到激发，这个激发者是人心之外的"物自体"。康德承认有一个客观的物自体的存在，因而他在这里又有明显的唯物倾向，虽说他又认为这个物自体不可知，可知的只是它的表象。恩格斯曾经说：不可知论如若不是忸怩作态的唯物主义，又是什么呢？

因此，在康德唯心的哲学体系中，隐藏了唯物的倾向和辩证的内容。特别是他在考察理性以"绝对存在"作为对象时，实际上揭示了事物的内在矛盾。他发觉对于同一对象持两个相反的命题，甚至必须认为这两个相反的命题中的每一个命题都有同样的必然性。康德提出了四组彼此相反的命题，证明双方都有其必然性。这就是有名的"二律背反"。

这四组命题是：（1）正题：世界在时间上有其开始，空间上也有其限制；反题：世界没有开始，在空间上也无限制，其在时空两方面都是无限的。（2）正题：世界上每一复杂事物均由简单的部分所构成，除了单一的或由单一所结合的东西是没有任何事物存在的；反题：世界上没有一件复杂的东西是由简单的部分所构成的，世界上没有任何东西是简单的。（3）正题：以自然律为依据的因果性不是唯一的因果性，不能仅仅根据这一因果性，世界的各种表象便可以从头到尾被推导出来。为了说明这些表象，有必要假定尚有另外一种因果性，即自由；反题：没有自由，世界上每一事物仅仅为自然律所规定。（4）正题，世界有一绝对必然的东西作为其部分或作为其原因；反题：世界上没有一绝对必然的东西存在于其中或作为其原因存在于其外。

康德在这里实际上接触到了有限与无限、一与多、必然与自由、宇宙的第一因等根本问题。康德揭示了矛盾，但不是面对矛盾、承认矛盾并给以辩证的说明，而是纠缠在这种矛盾之中，从而得出理性认识能力有限的结论。他似乎认为世界的本质不应具有矛盾的污点，矛盾是应当加以排除的。于是他以贬损理性、知识的办法，为信仰开辟地盘。黑格尔重视康德关于矛盾的揭示，并进一步补充道：矛盾何止四种，一切事物与概念中都可以发现矛盾。列宁肯定了黑格尔这个评论。黑格尔还认为哲学思考的本质便在于认识对象的矛盾及其特性，这些矛盾构成思维运动的辩证环节。

康德走到了辩证法的门槛边就止步了，因此，恩格斯认为从康德那里学习辩证法是一个白费气力的和不值得做的工作。但尽管如此，到十九世纪八十年代末，康德哲学已成为德国的唯一话题，热情的赞颂与强烈的不满交织着。康德之所以能引起巨大的精神运动，在于他的那种批判精神。从此，"德国被康德引入哲学的道路，因此，哲学变成了一件民族的事业"（海涅）。

十八　理性的挣扎
——费希特与谢林的辩证公式

康德以来，一群出色的思想家突然涌现在德国的国土上，费希特与谢林就是其中的两位。他们都不能算是严格意义上的哲学家，他们坚强的意志与奔放的感情压抑着他们微弱的理性。理性在意志与感情的重压下挣扎，哲学苍白的花朵只结出寥寥无几的小果。然而，在他们唯心主义与神秘主义的外壳内，仍然包含了若干辩证法的因素。

意气昂扬的费希特（1762—1814）生活在颠沛流离之中，想谋取一家庭教师的职位糊口也不可得。他仰慕康德的盛名，专程来到哥尼斯堡。他还专门写了一篇《一切天启的批判》作为进见的自我介绍。康德亲切地接见了他，并对他的论文表示满意。从此，费希特就成了康德最早的私淑弟子。

费希特的方法最初完全是从康德那里借来的，后来逐渐被主观性占了上风。他并不完全皈依康德哲学，而是继承了康德的唯心主义观点，抛弃了康德的唯物主义因素。费希特认为："物自身"是一种纯粹的虚构，完全没有实在性。他把唯物论斥之为独断论。照他看来，哲学所要谈的不是在你外面的东西，而只是你自己。这就是说，哲学要探讨的（严格讲，唯心哲学要探讨的）是"自我自身"。

费希特以"自我自身"代替"物自身",这样就彻底走上了唯心主义的道路。

他认为一切事物只有在我们的精神中才有实在性。他的《知识学》是从一个抽象公式——"我 = 我"开始的。费希特的"我"亦即"自我",并不是指我这个人,不是那个"个体的自我",而是一个意识的、普遍的自我。所以费希特并不说"我思维着",而是说"它思维着","那普遍的世界思维在我那里面思维着"。因此,费希特哲学是带有主观色彩的客观唯心主义哲学。他的这个"我",不同于贝克莱的那个"我"。贝克莱之"我"是感觉的我,而费希特的"我"乃普遍的世界思维的我。在这里,我们可以看到以后黑格尔"绝对精神"的影子。

于是,费希特从这个普遍的抽象的"自我"出发来构成这个世界。当然,这个出发点是唯心主义的,而且他自称是用演绎法贯彻始终来完成这个"世界的构成"的。但是,在他的烦琐论证中,却出现了明显的"辩证法的公式"。这个公式简要讲来是:

正:我是我,

反:世界是非我,

合:我与非我。

这不正是以后黑格尔建立他的体系时使用的辩证法的公式吗?费希特认为:作为构成世界基础的自我必须自身等同,即首先要被肯定它是它自己,因此,"我是我"。这绝不能简单地看成是同语反复,而是说论证的前提必须首先被肯定才能作为演绎的根据。

我被肯定,我之外的他物便是"非我",我之外的他物组成的这个世界便是非我。有我才谈得上非我,因此,世界由我来创建。现在非我被设置在自我之中,因而成为自我的对立面。非我以自我的同一性为前提,而自我一旦包含非我,那么,自我就被非我完全否定了。另外，没有自我，就不可能建立非我，二者实际上又是相互依存的。这两个命题是相互对立、互相矛盾的。

对立必须统一，矛盾必须扬弃，否定必须否定，因此，必然达到我与非我的统一，亦即我与自然的统一，主观与客观的统一，精神与物质的统一。

在这种严格的理性推导中，清楚地表述了辩证法的基本原理。费希特接触到了否定之否定、对立的统一诸法则，因此，费希特虽然充满了先验唯心主义的迷妄，但他思想仍然具有辩证法的威力。

谢林（1775—1854）是费希特的学生。他承袭了老师的学说，只是做了不同的表述，并加以扩充。从思想和自然是同一个东西这个根本命题出发，费希特通过精神操作而达到了现实世界，从思想创造了自然、从观念创造了现实。谢林则从同样的原则出发走了另外一条道路。在谢林哲学中，现象世界变成了纯粹的观念，自然变成了思维，实在的东西变成了理想的东西。谢林更多地生活在直观神秘的气氛中，用诗人般的那种感情的扩张看待这个世界，他的迷妄当然更加胜过他的老师了。

谢林哲学号称"同一哲学"，他在自然和思维、物质和精神之上设置了一个"上帝"，上帝便是二者的"绝对同一"。这个绝对同一，不是宇宙的原因，而是这个宇宙本身。宇宙即上帝。这个绝对者可以用三个公式来加以表述：

第一个公式是断言的：绝对者既不是观念的东西，也不是物质的东西，而是二者的同一。

第二个公式是假言的：假如存在一个主体和一个客体，那么，绝对者是此二者的本质和同一。

第三个公式是选言的：只有一个存在，在这个东西同时地或轮流地被看作完全观念的，或者完全实在的。

三个不同的逻辑判断表示的同一个意思，无非是说物质与精神统一于绝对者，即上帝。谢林关于物质与精神必须统一的思想，其中还是有辩证法的，但不应该从二者之外找一个什么绝对者或上帝。

谢林关于绝对者进一步的描述便愈走愈远了。谢林说这个绝对者先于一切，建立一切，绝对者乃是一种"无意识"，而"无意识"就是神，就是宇宙的创造主。这样，他就完全弃绝理性，堕入神秘主义、信仰主义之中，成了宗教的捍卫者。他的"同一哲学"也就成了"天启哲学"。于是理性的东西、逻辑的东西为非理性、非逻辑的东西所代替。浪漫的诗歌代替了理性的分析与科学的论断。谢林哲学的没落是必然的。

这时，与谢林既是同学又是师生的黑格尔在哲学领域逐渐掌握了老师的一切权力，后来谢林到柏林想要遏止黑格尔席卷一切的势头也无济于事了。黑格尔终于从谢林头上夺去了他的王冠，并且给他剃了光头。从此，这个在哲学王国被剥夺了王位的谢林，就像一个小修士一样生活在慕尼黑。这个城市在名称上已经带有僧侣的性格。所谓"慕尼黑"，它的意思就是僧侣的住处。

谢林在黑暗中消失了，哲学进入伟大的黑格尔时代。

十九 精神的生长
——黑格尔哲学的真正起源和秘密

有人把黑格尔称为智慧女神雅典娜的猫头鹰,这位能穿透黑暗,给人们带来智慧的哲学家,他在思维活动方面的惊人成就,就是马克思主义经典作家也为之倾倒的。马克思看到那位妄自尊大的杜林先生居然效法门德尔森对待斯宾诺莎那样来对待黑格尔,即也把黑格尔当作一条"死狗",便公开承认他是黑格尔这位大思想家的门人。恩格斯指出:不读黑格尔的著作当然不行,而且还需要时间来消化。列宁在他的《哲学笔记》等著作中对黑格尔发出由衷的赞颂,这差不多是大家所熟知的了。当然,他们对黑格尔的唯心主义以及保守的政治观点,则始终持批评态度。

黑格尔(1770—1831)是德国思辨哲学的集大成者。尽管他没有摆脱德国的庸人气味,并效忠于普鲁士王朝,但是在他的唯心主义哲学体系之中却包含了十分丰富的辩证法思想。要想深入研究马克思主义哲学,特别是辩证法,不了解黑格尔是不行的。

这位影响深远的哲学家,1770年出生于德国符腾堡。他的家庭世系乃是来自一个澳大利亚的信奉新教的避难者,因为那时在澳大利亚有一股反对宗教改革之风。

黑格尔从小酷爱读书,为人拘谨,少年老成,是一个循规蹈矩的好学生，但是那时还看不出他文学上的才华与哲学上的睿智。他爱不释手的是那种劝善规过的庸俗不堪的小说。当年轻的谢林参加研究康德的《纯粹理性批判》的团体时，黑格尔尚不能领会批判哲学的革命精神，因而对这种研究团体不闻不问、毫无兴趣。黑格尔传记的作者菲舍尔说："当时谁也不曾预料到，这个陶醉于如此一部乏味小说的平庸少年，竟会脱胎换骨，成为一个深刻的思想家"。

当黑格尔是一个大学生时，发生了法国大革命，这场革命使黑格尔和他的朋友们激奋不已。据说黑格尔和他的朋友谢林，为了欢呼法国革命参加了栽植自由树的活动。黑格尔参加了图宾根的政治俱乐部，在会议上发表政治演说，政治使黑格尔着了迷。

大约在1793—1800年间，黑格尔才从事自己的哲学思考活动，这种思考活动有明显的康德的影响，也在一定程度受了费希特和谢林的影响。但是，也绝不能忽视古希腊哲学对他哲学形成的重大作用。而早期神学教育的熏陶，却造成了他最后的偏见。

从1801年起黑格尔开始在耶拿讲授哲学。1807年，他的第一部巨著《精神现象学》出版了。

1808—1816年，黑格尔担任纽伦堡预科学校校长，此时写成了《逻辑学》，即通称的"大逻辑"。

1816—1818年，黑格尔任海德堡大学哲学系教授，并于1817年出版了《哲学科学百科全书》。这本全书，是他的体系的纲要，包括逻辑学、自然哲学和精神哲学。其中的《逻辑学》就是现在通称的"小逻辑"。

1818年，黑格尔取得了柏林大学哲学系教席，在这里出版了《法哲学原理》。他于1831年死于霍乱。死后，他的讲稿：美学、哲学史、历史哲学、宗教哲学由他的学生们出版；他们还在讲课笔记的基础上，给《全书》与《法哲学原理》增添了有价值的"附释"。

黑格尔从小受到了严格的教育，养成了认真阅读书籍的习惯，并且辛勤地做资料摘抄工作。他的著作旁征博引，学识极为渊博，这不是天才而是勤奋的结果。黑格尔虽然成绩优良、老师认为"大有厚望"，但是并未表现出才华出众的气质，他的生活作风甚至可以说是十分平庸的，说得尖锐一点，他在校时还有点吹吹拍拍的作风流露出来。他中学毕业演说的题目是：《土耳其人治下艺术与科学之衰落》，他在这篇讲演中有一段恭维他的学监和老师的话，他因此而得宠，并拿到了奖学金。

黑格尔醉心于古典文学。古典作家的长处就在于语言惊人的丰富，古典文学的作用就在于能培养鉴赏能力与美感情操。还有关于历史典范的研究，有助于黑格尔从历史发展过程理解事物。这种文学与历史的熏陶，使黑格尔从小就培养了一种"历史感"。在他的学术探讨的征途中，他坚持用历史主义的方法，观察自然、了解社会、解剖思维。尔后，他在这方面获得的巨大成功，不能不归功于这种"历史感"的策动。

黑格尔年轻时主修的是神学，热衷的是政治，爱好的是文学。直到他毕业后，到卢梭的故乡——瑞士漫游，这时除接受了卢梭的民主思想外，还开始了对康德哲学的钻研，他说："我期待康德体系及其圆满成就在德国引起一场革命。"黑格尔是深深意识到哲学对思想解放与政治革命的作用的。他欢呼人类终于登上了哲学的顶峰，哲学是人类尊严与理性权威的确证。黑格尔的思维活动进入了哲学领域，他的第一部百科全书式的著作就是《精神现象学》。《精神现象学》是黑格尔哲学的导言，是黑格尔体系的缩影，是黑格尔的《圣经》。

马克思说，《精神现象学》是黑格尔哲学的真正起源和秘密。因此，要想了解黑格尔，特别是他的唯心的概念辩证法，就不能不读这本书。

物质生命的生长过程是辩证思维的客观依据。那么，作为生命现象的最高产物——精神现象或意识形态是否有其自身的生长过程呢，或者只是一些抽象的、僵化的、互不相关的思想形式？

黑格尔反对后一种观点，认为精神现象或意识形态也有其自身的历史发展过程，即生长过程。他的《精神现象学》就是试图论述人类意识如何从低级向高级发展的。因此，《精神现象学》，如恩格斯所指出的，也可以叫作同精神胚胎学和精神古生物学类似的学问，是对个人意识发展各个阶段的阐述，这些阶段可以看作人的意识在历史上所经过的各个阶段的缩影。意识的历史行程是黑格尔辩证思维活动的现身说法。《精神现象学》不是将辩证法作为一个对象来加以论述，而是让"意识"自己的变化过渡来体现人类思维的辩证精神。从思维的前进运动过程中来掌握辩证法，比从辩证法的既成概念与匿化公式来理解辩证法当然要优胜得多，但是难度也大得多。我想，为了较真切地掌握辩证法的实质，黑格尔这种表述方法是十分可取的。

《精神现象学》的由来 《精神现象学》这部艰深晦涩的著作，有着十分现实的政治目的。黑格尔是一个十分关心政治、关心民族国家前途的人。他面对那个四分五裂的祖国，认为只有知识才是唯一的救星：知识能够使我们对事变之来，不致如禽兽一般木然吃惊，亦不致仅用权术机智以敷衍应付目前于一时。他还十分崇拜法国人的革命精神。虽然归根到底来讲，黑格尔认为日耳曼精神是人类精神发展的最高阶段（这个论断当然是黑格尔民族自大狂的表现），但是，黑格尔也不得不承认，当日耳曼精神处于朦胧状态、没有充分发挥出来时，法国人胜过德国人。因此，黑格尔这本极其晦涩难懂的书，可说是在法国革命精神鼓舞下，意图振兴国家民族的著作。

他认为作为振兴民族国家的唯一救星的知识，应该是关于真理的知识，而只有绝对知识才是真知。所谓"绝对知识"，他认为就是以他为代表的哲学。于是，黑格尔便下决心探讨人类意识经过一个什么途径达到绝对知识的，即达到哲学的。

黑格尔认为人类精神或意识的发展经历了六个阶段：（1）意识；（2）自我意识；（3）理性；（4）精神；（5）宗教；（6）绝对知识。黑格尔对这六种精神状态的描述与分析，以及他所指点出来的过渡与推移，未必是完全正确的、恰当的，毋宁说不少地方是牵强附会的，而且有着浓郁的唯心论色彩。但是，他确是自觉地在其论述中贯彻了辩证思维精神。《精神现象学》是用辩证法分析精神现象、意识形态的一种范例。

黑格尔划分的六个阶段，我们可以简略地概括为三个环节，即"个人意识——社会意识——绝对意识"。这大致构成意识自身发展的辩证过程。

（一）个人意识 照黑格尔看来，意识、自我意识、理性是个人意识辩证发展的三个环节，也可以看作人类认识能力辩证发展的过程。

所谓"意识"，是人类精神发展的最初阶段，即从感性到知性的阶段。意识所面对的是眼前的东西，它是对眼前东西的直接反映。此时还没有概念的升起，由此形成了最初的知识。这种知识，具有感性的确定性，是对眼前事物未加分析的、笼统的、整体的直观。这种知识，就认识的客体而言，只是当下所见到的"这一个"东西，仅仅说明有一物存在；就认识的主体而言，意识只是一个纯粹的自我，就是"这一个"我。因此，这种知识不过是"这一个"我确知"这一个"东西。这种简单的"一一对应关系"是人类精神活动的启蒙状态，仿佛是婴儿五官向外观照、无所用心的活动。处于单纯意识状态的人们，既不能通过多种方式去思索外界事物，也不能脱离外界事物进行思考，更不能反观自照"我究为何物？"我们可以说，此种单纯意识相当于婴儿的精神意识状态。也就是说，处于一种不大懂事的状态。

当意识处于这种状态时，自我与事物之间、主体与对象之间的关系是直接的感受。意识停留在直接感受阶段时，对被感知的对象是说不出来的。因为要把感受的对象说出来，就得使用"概念"，进入普遍性的范围。例如，我们说"这是桌子"："这"指的是眼前所见的某一个别物；"桌子"指的是包括某一类的普遍概念，它不但可以适应"这一个"，也可以适应于另一个，"那也是桌子"。

不管是"这一个"也好、"那一个"也好，它究竟是什么东西？这一问，便标志着意识的前进、概念的升起、普遍性的出现。在意识活动中，有了"个别性"与"普遍性"的对立，存在的事物在意识之中才成为可表达的。于是，通过普遍性的出现，人类精神从单纯意识进入知觉状态。黑格尔便把普遍性看成是知觉的原则。

从"感性的确定性"到"知觉的普遍性"是精神意识的一个前进。它意味着意识开始摆脱感觉对象的直接呈现状态，开始解剖那个未分化的对象，舍弃其偶然的、表面的个别性，保存其必然的、本质的普遍性。例如，你眼前呈现的一幅战士的图画，他既不是这一战士又不是那一战士；同时，他既是这一战士又是那一战士。他已舍弃了个别性而具有了普遍性，但尚未上升到概念，因为他仍然保存一个可感知的具体形象。这就是说，知觉之中仍然包含有感觉的成分，即仍然具有直接性。而所谓普遍性，相对于我们眼前的"这一个"东西来讲，它是间接的。因此，知觉的实质乃是"具有间接性的直接性"、"保存个体形象的普遍性"。这是明显的矛盾！从形式逻辑的观点而言，这种矛盾是应当加以排除的。但从辩证法而言，这是客观存在的矛盾，必须如实地加以承认。

意识处于知觉阶段，揭示了知觉功能的内在矛盾，从而透露了一点辩证法的曙光，但是这还远远未能达到辩证思维的程度。因为知觉之中所显现的共性，还只是感性的共性或感性的普遍性，它是受个别性制约的。而普遍性的纯粹表达有赖于知性。因此，知觉必然要向知性过渡。这就有如照相一样，它显示一物的外部形相，而X光透视则可显示其内部结构，前者相当于"知觉"，后者则相当于"知性"。

什么叫作知性呢？黑格尔说，就是人的健康理智。人们往往把"知性"和"理性"混用，从严格的哲学意义讲是不对的。理性的特点是思维矛盾的揭示、思维的辩证进展。至于知性，同理性相比，其实是贫乏而虚幻的。知性把观念孤立起来，要么肯定这一观念否定那一观念；要么否定这一观念肯定那一观念。它在非此即彼中兜圈子，以为哲学就是玩弄观念的思想游戏。

黑格尔认为要摆脱意识的这种孤立隔绝状态，使彼此对立的观念结合起来。他设想有一种"力"起着结合作用。我们的意识作为知性正是通过力的交互作用的媒介，深入到事物的核心。黑格尔说：事物的内在核心分裂为两个极端，靠力的作用而结合。于此，可以看到黑格尔关于对立面统一思想的萌芽。

黑格尔从其客观唯心论立场出发，把上述事物的内在核心看成是意识自身的分裂、对立、结合、转化的发展过程。而人对事物的认识，从他唯心的观点而言，是意识对意识自身的意识。这就是所谓的"自我意识"。于是"意识"经历了："感性—知觉—知性"的辩证历程，进入到意识其自身的阶段，即自我意识阶段。

自我意识是知识的一种新形态。它和意识不同，意识乃是对于他物，即对我以外的事物的知识，而自我意识则是对于自己本身的知识。

自我意识，首先就是意识到自身的存在，自身存在的见证就是欲望，而欲望体现为生命。什么是生命呢？黑格尔用思辨的语言描述了生命新陈代谢的本质。他认为生命的本质是一种普遍的流动性，它具有否定的本性，扬弃一切差别而形成过程的无限发展。因此，生命既不是简单的连续，又不是纯粹的分离，更不是诸环节的机械结合。生命乃是自身发展着的、消解其发展过程的、并在这种运动中简单地保持着自身的整体。难道还有比这更好的描述生命本质的哲学语言吗？生命的发展过程、物质的新陈代谢活动是辩证运动的最高的、最典型的客观表现。生命给辩证法以客观的物质基础，辩证法给生命以最确切的哲学的理论说明。

黑格尔从欲望与生命的分析，过渡到生命活动的历史社会舞台的描述。黑格尔指出，生命的保持，只有扬弃对方，即吞噬对方的生命，才能确信自己的存在。在这里，黑格尔只是抽象地复述人类的所谓"食色，性也"、"生存竞争"等求生与接代的本能欲望。人要维系其生存，必须吃饭吃肉，便要吞噬植物动物的生命，只有如此，才能确保并从而确信自身的存在。人们的生殖活动，实际上是自己的生命被新生的生命缓慢地逐渐吞噬的过程，从而一代新人换旧人。但是，黑格尔又看到另外一面，他发觉欲望以及欲望的满足，必须以对象的存在为条件。这样一来，吞噬对方的生命，就失去了对象，也就无从确保与确信自己的存在了。

黑格尔在此除了再度论证相互依存的辩证原理外，还涉及了历史发展的逻辑必然性。他用思辨的方法揭示了原始社会虐杀俘虏的不合理性,因为虐杀俘虏也就是吞噬对方的生命。对方消失了,也就失去了对象,无法确信与确保自身的存在了。

相对于原始社会而言,主人与奴隶的关系就有其历史的进步性了。黑格尔进入到更为复杂的社会关系的研究,他从人与物的关系、自我相关发展到了人与我的关系的探讨。自然的研究、生命的研究必然要归结到人与人之间的社会关系的研究,这是认识发展的必然归宿。

黑格尔抽象地揭示了人与人之间的厮杀与拼斗关系。厮杀与拼斗是一种"恶"的表现吧,可是冷酷无情的历史竟然指出它是历史迅猛前进的杠杆与动力。停滞沉睡几十万年的原始社会,在厮杀拼斗中,跃进到奴隶社会,短短几千年人类文明社会的发展,简直是几十万年原始社会半人半兽生涯所无法比拟的。黑格尔甚至讲出这种话:一个不曾把生命拿去拼了一场的个人,诚然也可以被承认为一个人,但是他不具备独立的自我意识,因而缺乏作为人的真理性。这也就是说,他算不得一个真正的人。一个人只有在拼斗中,在生死攸关中,才能确信并证明自身的存在。

黑格尔不从生产过程、生产关系上来研究阶级的形成与划分,而从自我意识自身产生了否定其自身的因素即自我意识的分裂,来说明社会阶级现象,这自然是唯心主义观点。他说,自我意识分裂而形成两个对立的意识形态而存在着,一个叫作"独立意识",它独立自主,是对立双方的主导面;一个叫作"依赖意识",它没有独立性,它是为对方而生活或为对方而存在的。前一种的代表是"主人",后一种的代表是"奴隶"。这种观点虽然是唯心的,但是,黑格尔分析对立双方及其主导方面,以及他们如何转化易位,其辩证思维是十分卓越的。

黑格尔认为主人有力量支配自己，又有力量支配他的对方即奴隶。这样，主人对物的直接支配权，逐渐地却只能通过奴隶间接地与物发生关系而实现。所谓"间接地"，意思是由于奴隶在生产劳动中直接与物打交道，物的支配权实际上转移到奴隶手中去了，主人只能间接地与物发生关系。奴隶可以对物进行加工改造，而主人则通过奴隶的中介，对物予以纯粹的否定，即通过吃用等把物消耗掉。主人虽然可以对物尽情享受，但是实际上反而使自己处于依赖奴隶的地位。从这个意义上讲，奴隶从依赖的地位转化为独立的地位，主人从独立的地位转化为依赖的地位。

但是，由于主人仍然掌握超经济的政治特权，主人并无依赖的感觉，因为奴隶本身不过是作为一个工具为他所役使，在牛马般的生存状态下，奴隶终生伴随着死亡的阴影。黑格尔感叹地说：死的恐惧在奴隶的经验中曾经浸透进他的灵魂，震撼过他整个躯体，并且一切固定规章命令都使得他发抖。因此，奴隶并不能因他在生产中对物的支配改造作用而改变他的政治地位。但是，继续发展下去，剥夺者被剥夺，是社会历史发展的必然趋势。黑格尔认为，恐惧不是绝对坏的事情，相反，这正是智慧的开始。奴隶为了满足主人的欲望，便要想方设法，拼命劳动，从而提高了自己的智慧与技能。奴隶正是通过劳动改造了自己，使他真正具有人的本质。黑格尔从思辨的角度论述了劳动创造人的观点，当然他的想法还是比较暗昧的。

欲望与生命，使意识从人与物之间的认知关系过渡到人与我之间的社会关系以及对意识自身的反思。他对意识自身或思维自身的进一步分析，使他一下子便抓住了辩证思维中最本质的东西。

怀疑便是思维本身。这是笛卡儿的观点。黑格尔在这一观点上继续前进，大大超出了笛卡儿的知性怀疑论，从而揭示了怀疑的辩证内容。他认为怀疑乃思维的本质，而作为辩证思维的怀疑，乃是一种否定运动。怀疑是对差别、规定、确定性的否定。意识通过怀疑，获得一种解脱一切约束的自由，达到一种绝对的辩证的不安息状态，即一种自身矛盾的紊乱状态。

所谓意识的"自身矛盾"：它一方面意识到自身的同一性与确定性，另一方面又意识到自身的绝对紊乱与永不安息。黑格尔在这里错误地把这种对立状态，分别加在主人与奴隶身上。认为主人代表前者，奴隶代表后者。但是他又认为这种外在的分离，必须变成内在的分化，于是就出现了自我意识在自身之内的二元化，即表现在一个人身上的自我意识的分裂。于是，意识就到了"苦恼的意识"阶段。所谓苦恼的意识就是那意识到自身是二元的、分裂的，仅仅是矛盾着的东西。

苦恼意识不同于纯粹意识，也不同于怀疑意识，而是二者的结合。但是这种结合还没有达到以概念的形式来统一此二者的高度。也就是说，苦恼意识还不是概念思维，而只是一种默想，一种虔敬的默祷，一种音乐式的"思想"。因此，严格讲来，它不是一种思想，而是一种情调。它意识到自身处于痛苦的分裂状态之中，因而以一种无限仰慕之情，祈求对象的认识和承认。这种托庇于对象的感情，只是一种宗教式的感情。宗教式的感情不可能给意识以真正的独立自由感。黑格尔倒是认为只有劳动以及劳动果实的享受，才予人以独立感。

黑格尔这些玄虚的分析，实际上是用德国思辨哲学的语言论述法国政治自由的本质。当自我意识处于主奴状态时，尚不能达到自我实现的目的。它首先是通过主观自由的追求，然后是经历了怀疑一切和全盘否定的骚扰，从而进入把外部矛盾集于一身的"苦恼意识"阶段。而所谓苦恼意识只是一种宗教式的默祷。它像深山古刹里幽荡的钟声，像阴森庙堂的袅绕的青烟，使人忘却尘寰，遗世而独立。这其实只是一种聊以自慰的试图超脱的宗教感情，一种自欺欺人的虚幻不真的精神自由，它绝决不能引导人达到自我实现的目的。

那么，自我意识应该走向何方呢？

理性！黑格尔认为自我意识必然要向理性发展。因为苦恼意识是消极的、虚幻的、否定的，而理性才是我们这个世界的肯定因素。当自我意识发展到理性阶段，它就确知自己便是实在的而非虚幻的，肯定的而非否定的。很明显，黑格尔想把世界建筑在理性这个基础上，他直言不讳地宣称"实在即理性，理性即实在"这一唯心主义原则。这个原则我们当然是不赞成的，但是，他对"理性"的实质的分析仍然有其可取之处。

黑格尔认为理性的任务在于知道真理。而关于真理的追求，他实际上承认应该从观察自然，通过实验发现规律着手。人们的意识如果停留在感性存在上，是不能达到真理的。这完全像一个自然科学家、唯物主义者所说的话。

黑格尔还分析了"物质"概念。他认为"物体"是一种感性存在，"物质"却是一种非感性的感性存在，一种非物体性的却倒是对象性的存在。所谓对象性就是客观性，这就是说，物质乃客观存在。这种说法，虽然有一些思辨的曲折表达的晦涩性，但其实质内容不是与列宁关于物质的定义颇为相近吗？他认为理性向外追索，由于其对象是外在的，因而不可能从对象中找到自己，而必须向实践的理性过渡。当理性从观察向实践过渡时，意识活动便进入了社会领域。

所谓实践的理性也就是行动的理性，即理性通过其自身的活动而实现于客体之中。这里的客体就是指作为一个整体的社会。在这里，黑格尔实际上已从自然进入社会。他认为个体只有纳入社会整体之中才能实现自己。人们必须为社会整体献身，才能从这个社会整体之中复得其自身。黑格尔在此把人的社会行动同理性概念结合起来，突出了个体与整体的统一关系，强调了只有在社会整体中个体才能实现自己。这些想法对马克思哲学的形成有着一定的影响。

（二）社会意识 社会意识即进入精神阶段的意识。它是对于社会意识形态的描写。如果说从意识到理性，主要是对个人意识、认识能力的辩证发展过程的分析，那么，"精神"就是理性的实践、理性的具体化。它指的就是客观的精神世界，包括从最低形式的家庭直至最高形式的宗教。这个精神世界的发展，也经历了三个环节：伦理、道德、宗教。

黑格尔将"伦理"看作是真正的精神，也就是客观精神。这个精神，作为一个现实的实体，就体现为一个民族。伦理，就是这个集体、这个民族众所周知的共同信守的规律和现成存在的伦常习俗。对于这个民族，它有公开明显的、有目共睹的有效准性。因此，伦理，实际上指的是公认的社会行为准则。人人都自觉信守这些准则，个人才能与社会整体打成一片，这样的社会才是一个没有内部动乱的社会。

但是，社会权力与财富，却使社会意识陷于分裂。黑格尔把这一分裂，叫作"自身异化了的精神"。权力与财富是人类"自我异化"的最初形态。对权力与财富，有两种相反的态度：第一种，把自己等同于权力与财富，仿佛他自己就是权力与财富的化身，黑格尔把这个称为"高贵的意识"；第二种，认为权力与财富不但与自己毫不相干，而且觉得这些仿佛就是一种统治自己的异己力量，黑格尔把这个称为"卑贱的意识"。

黑格尔颇为看重这种卑贱意识，认为卑贱意识视国家的统治力量为压迫和束缚自己的一条锁链，因而仇视统治者。它平日阳奉阴违，随时准备爆发叛乱。因此，卑贱意识与高贵意识相对立。在这里，黑格尔实际上论述了封建专制下的君臣对立关系。卑贱意识是这辩证发展两极中致变的否定方面，因而是真理之所在。黑格尔并不认为这种关系是永恒的，而是可以变革而且必须变革的。这就表现了黑格尔的资产阶级革命立场。正像恩格斯指出的：这些教授们晦涩迂阔的言辞后面竟然隐藏了革命，这是封建君王与自由派都没有看到的。

资产阶级的启蒙运动从封建社会内部悄悄地瓦解这种关系，从封建社会外部公开打击这种关系。但是，这一切都无助于挽回社会意识的分裂。于是，意识退而进入对其自身具有确定性的精神，即所谓道德状态。这样，精神才从异化状态回复到了自身。黑格尔在此又表现了德国资产阶级的软弱性，他无力在现实斗争中消除社会的不平与敌对，而乞灵于内心的道德修养，以消解人世的纷争。

黑格尔高叫幸福，认为幸福乃道德的绝对要求。道德意识辩证发展的过程，经历了从"良心"到"优美灵魂"再到"恶及其宽恕"三个阶段。黑格尔认为良心是创造道德的天才，这种道德天才孤芳自赏，它的作为仅仅是对自己的这种神圣性的直观。真是伫立镜前左右流盼、顾影自怜！因此，良心是崇高的、自由的，不受外物羁绊的。它是自身具备的圣洁的感情的迸发，完全不顾及外在的是非议论。这样一来，良心纯然是主观的，它仍然不能达到道德与现实的结合。

这种脱离社会整体的良心，黑格尔称之为"优美的灵魂"。优美的灵魂幻想逃脱命运的摆布与捉弄，在其内心世界安享上帝的无限爱情。这其实是一种根本不能实现的自我安慰，事实上优美灵魂并不能逃脱世俗的干扰，它不得不受社会的恶的意识所拨弄。

黑格尔远远超出于一般庸俗的哲学家、道德家之处，就在于他能辩证地分析"恶"的社会历史作用。他说，恶的意识坦白招认："我就是这个样子！"而其对立方却拒绝透露自己的内心活动，竟而夸耀自己的灵魂如何优美，以示不同于恶的意识。这样一来，事情便倒置过来了。优美的灵魂只有内心的独自，而无现实的行动，这就使得精神错乱，在与世隔绝中陷于疯狂，从而忧伤憔悴、抑郁而死。至于恶的意识呢？却由于它从对方中直观地认识了自己，被诱致采取实际认错的行动。因而，"恶"反而有了社会现实性。

这样看来，那个与"恶"相对立的优美灵魂体现的"善"，如果脱离了"恶"则是虚幻不实的，枯槁而无生命的，它必须与"恶"统一起来理解，才有现实意义。没有恶，也就无所谓善，恶的扬弃就是善！善竟然以恶作为其本质，黑格尔的辩证思维的犀利性与鞭辟入里的解剖作用，是社会庸人永远无法理解的。

善与恶的辩证统一，在认识的领域以及伦常的领域都是不能达到的。照黑格尔看来，个人意识以及社会意识都是有限的。在有限范围内不可能解决善恶统一问题。虽说在苦恼意识形态里接触到了宗教感情问题，但它还未能进入无限的宗教意识之中。因为苦恼的产生，说明我们的"精神"尚未解脱。这就是说，精神力求客观化其自身但又未能达到自身的客观化，因而感到痛苦。

精神客观化而成为现实，就是宗教。精神最初的实现，就是直接的或自然的宗教。宗教的自然形态的扬弃，以其自身作为对象，或者说，表现为一种自我形态，就是艺术的宗教。对前面两种现实性的片面性之克服，达到直接性与自我、自然形态与自我形态的统一，就是天启的宗教。逻辑的与历史的总是一致的。这三种宗教的历史原型就是东方的宗教、希腊的宗教以及作为世界性宗教的基督教。

东方宗教徒赞颂光明、崇拜动植物，甚至屈从无知的巨石。他们没有自身的意志，完全托庇于外在的不相干的东西，让枯木朽株、风雷雨电、飞禽走兽捉弄自己的命运。这种对单纯的、现成的自然物的崇拜，逐渐变成对其模拟物的崇拜，那些属于宗教性的作业，如那些金字塔和方尖柱石的结晶体，就是工匠按照严格的几何图样搞出来的作品。工匠在模拟自然形态进行创作时，实际上也灌注了他自己的特定的思想感情或他所处的那个历史时代的精神，这也就是为什么古代某些宗教文物具有历世而不衰的魅力的原因。精神对自然物的改造，从而使自然屈从于精神，精神挣脱自然的外在的僵化形式的约束，力图自由地表现其个性，于是精神变成了艺术宗教。

因此，艺术宗教既是自然宗教的逻辑发展的必然趋势，也是从东方宗教，即波斯拜火教、印度原始宗教、古埃及宗教，向古希腊宗教的过渡。

黑格尔指出：当工匠放弃了综合性的工作，即放弃了把思想和自然这两种不同性质的形式混合在一起的工作，精神便赢得了自我意识活动的形式。这种精神乃是一个自由的民族，在这个民族生活中，伦理构成一切人的实体，这种伦理实体的实现和体现，所有人都知道是他们自己的意志和行为。于是，个人就成了精神表达它的痛苦的工具，艺术从本能式的劳作中摆脱出来，浸现在特定存在——个人——的深处。艺术作品就成了个体化了的和被表象出来的普遍精神。例如，阿芙洛蒂这位绝丽佳人便是"美与爱"这种普遍精神的化身。

神像的雕塑、赞美歌的谱制，使精神日益接近其本质。雕像未能摆脱限制精神的物的形式，赞美歌这类语言艺术，则更多地体现了自我意识，而较少地得到形象化的表现。因此，所谓古希腊艺术的宗教，却是希腊人的美的个性形式的体现，它的内容里艺术多于宗教，或者说艺术代替了宗教。

天启宗教实际上指的是基督教。这种作为绝对宗教的天启宗教本身也是一个发展过程。黑格尔在论述这个发展时，深刻地分析了辩证发展的圆圈运动。他强调了辩证运动的复归性，说由于每一个这种运动的圆圈都是自身完整的，则它在返回自己的同时又向另一个圆圈过渡。这个返回自己的圆圈式辩证运动又是什么呢？黑格尔说，当区别一经做出时，同样于做出之时，区别立刻就被消除了，并且当区别一经消除时，它同样立刻就被做出了，而真理和现实正是这种回到自身的圆圈式的辩证运动。辩证的发展，如不能发展到向自身的回复，那只能说明思维尚停留在纯粹抽象思维阶段。精神必须继续前进，这种辩证进展的逼迫，才能使精神超出孤立状态，在其对方之中、整体以内得到安息。

善与恶，也在宗教意识的这种绝对状态中得到统一。人或自我就是善与恶的实际体现。这样一来，恶就是精神的特殊自然存在，而善就是特定存在的自我意识。于是善恶的对立变成了在一个特定存在即人之中的自然存在与自我意识的对立，这也就是宗教之中灵肉冲突的哲学与伦理表述吧！而善恶的统一即神人的和解。既然善恶可以统一，神人可以和解，那么，恶就不是恶，善也不是善，两者在统一中被扬弃了。黑格尔说，辩证地看待善恶问题，则它们是同一的，又不同一的。单是一方不具有真理性，真理性乃是双方的辩证运动。因此，神圣本质，就它不是本质而言，即是自然，即是恶；自然，就它的本质而言，也是神圣的，因而也是善。黑格尔说，这个概念所产的困难乃在于固执于抽象的联系词"是"，而忘记了思维的辩证性，在思维里，这两个环节既"是"，也同样"不是"。

绝对宗教的辩证性质，把我们带到了绝对知识的边缘了，照黑格尔看来，精神的客观化而具有现实性，因而成为绝对的也就是无限的。宗教之把握绝对是采取了表象的形式。表象尚不足以反映"绝对"的本质，因此，精神还必须过渡到概念，以便在概念中完全消除对象性的形式。宗教的表象形式，宗教的对象性质，限制了它圆满表达意识的最高形态。

（三）绝对意识 意识精神的最后的最高的形态就是绝对意识。所谓绝对意识就是关于意识、精神的概念式的知识。这种概念式的知识就是科学或哲学。只有这种意识形态才适合以"绝对"本性的"概念"来把握绝对。至此，主体与客体的统一、善与恶的统一都达到了，亦即达到了关于认识与行为、理性与伦常统一的真理性的知识。

黑格尔上述关于意识与精神的辩证发展的过程的论述，实际上广泛涉及自然、社会、思维各个领域。当然，其中有不少牵强附会的情节，荒唐无稽的废话，晦涩难懂的思想，但是，有一点是应该肯定的，即他将各种意识形态及其相应的学科，都作为精神生长的一个环节来加以考虑，并力图抓住其相互联系，指证其转化过渡，从而体现了精神从潜在、展开到现实的生长过程，即精神、意识、思维、概念的活生生的辩证发展过程。

黑格尔的《精神现象学》是黑格尔辩证法天才的见证。它的独特之处在于：不是抽象地、客观地论述辩证法，而是让精神现象自身的发育生长过程来体现辩证法，将亚里士多德关于自然生命自身的"生长原则"（否定原则）推广运用到精神领域，并取得巨大的成功。

精神经过十月怀胎终于降生了！这个作为人类的智慧结晶的婴

儿就是"哲学"（或"科学"）。智慧之鹰——黑格尔监护着她的诞生，并对她的骨骼系统（逻辑结构）、肌肉系统（自然发展）、神经系统（精神发展）进行了全面深刻的描述与分析。这样就构成了他的哲学体系的三个有机组成部分，即"逻辑学"、"自然哲学"与"精神哲学"。关于黑格尔哲学本身的稍为认真的介绍，就不能不涉及这三个组成部分，特别是《逻辑学》。下面我们便对他的逻辑学做一简略介绍。至于自然哲学，恩格斯认为基本内容已包括到《逻辑学》的本质论中了；精神哲学则包括在《精神现象学》之中了，因此，本书就不另做介绍了。

二十　燃烧吧！概念
——黑格尔《逻辑学》之一

黑格尔在他那本十分干枯晦涩的《逻辑学》中，对于"概念"，讲了一段富于诗意的话：他说自己研究概念逻辑的任务就在于使僵化的材料流动起来，使陈死的材料中的生动概念燃烧起来！黑格尔的《逻辑学》绝不是"形式逻辑"，而是客观辩证法、主观辩证法以及主观如何反映客观的认识论的统一。换句话说，就是自然与社会的辩证法、辩证逻辑与认识论的统一。这个统一就是黑格尔的哲学原理。

黑格尔认为精神生长过程的最高成果是绝对知识，而绝对知识就是哲学。什么是绝对知识呢？就是关于概念的知识。要想了解黑格尔哲学的实质，关键在于了解黑格尔的"概念"是什么。简言之，他的"概念"不是僵化的而是流动的；不是陈死的而是燃烧的；不是既成事物的名称，而是发展过程的描述。因此，黑格尔的逻辑或哲学，就是描述概念发展过程的辩证法。而且，由于他把概念，不看成是对于客观存在的反映，而看成是第一性的，因而这种辩证法是唯心的。

黑格尔认为概念的发展经历了三个阶段，相应于这三个阶段，他的逻辑学分为三个部分：存在论、本质论、概念论。存在论研究思想的直接性，即概念尚未展开的潜在阶段；本质论研究思想的间接性，即概念逐步展开的分化阶段；概念论研究思想直接性与间接性的统一，即概念完全展开达到绝对理念的阶段。这样就形成了一个完备的辩证发展的概念体系。不管其出发点是唯心的，也不管其中有多少牵强附会之处，他把几千年哲学与科学发展中形成的重要概念与范畴基本上根据历史的线索，用辩证法贯穿统率起来了。概念真的流动了、燃烧了，这不能不说是人类思维与认识历史上的创举。

变易原则的提出 黑格尔认为历史的起点也是逻辑的起点。他从"存在"（或"有"）出发开始了他的概念体系的构造。黑格尔曾经盛赞巴门尼德的哲学，认为它是真正哲学的开始。于是，巴门尼德的"存在"就变成了黑格尔概念体系的第一个范畴。巴门尼德的"存在"无所不包、囊括一切。此物为一存在，彼物为一存在，无物不是存在。"存在"正由于它无所不包，因而就"无所规定"；正由于它囊括一切，因而就"失去一切"。因此，"存在"（即"有"）是无规定的、无内容的。这个无规定、无内容的"存在"（"有"），黑格尔把它叫作纯存在或纯有。

纯存在或纯有，是宇宙万事万物的最普遍的质的规定性。凡物莫不为一"存在"，即举凡树木山川、虫鱼鸟兽，尽管千差万别，但均为一"存在"。存在是如此地普遍，以致它不能有任何特性，有树木的特性，就不能说明山川；有虫鱼的特性，就不能说明鸟兽。因此，无特性就是它的特性，它的特性就是"空无"。它对于万事万物的质的规定性就是"无规定"。黑格尔指出：这种纯有是纯粹的抽象，因此是绝对的否定。这种否定，直接地说来，也就是无。

有和无，从形式逻辑看来是如此地不相容，简直没有任何共同性。但是黑格尔尖锐地指出：它们也有共同性，即也包含有一共同规定，即"无规定性"。纯有正是以"无"作为它的本质，它自身所具备的否定性就是无。"有即是无"，这并不是离奇的玩笑，也不是故弄玄虚，而是一个充满了辩证精神的命题，甚至可以说，也不违背形式逻辑的原理。我们都知道：一个概念外延愈大，则内涵愈小。如果外延无限大，则内涵等于零。因此，那个无所不包的纯有的内涵便是无。因而，"有即是无"。

黑格尔关于有与无的分析，虽说充满了辩证的机巧，但还不是根本的。"有无相生"才是黑格尔的第一个辩证法的基本命题。照黑格尔看来，有与无既具有共同性，因而，它们是统一的。有与无的统一是生成（变易）。我国有一句哲理名言叫"有无相生"，它正好可以用来表达黑格尔的"有—无—变（生成）"的辩证过程。

所谓"有无相生"，即有过渡到无，有生无；无过渡到有，无生有。它乃是一个变易原则，这个原则意味着消灭与产生。从有到无，是消灭；从无到有，是产生。整个世界无非是一个生灭交替的过程。

变易原则揭示了辩证法的实质。黑格尔从逻辑范畴的推演揭示了这一原则的理论内容，其实，"变易"却正是我们所生存于其中的这个自然界以及我们自己活动的最本质的特征。现在问题在于：整个世界究竟是如何变易的？这才是黑格尔哲学试图解答的主题。

质与量的辩证关系　黑格尔把质量关系问题看成是"存在"范围内的根本问题，这一点是应该特别加以注意的。黑格尔将"质—量—度"的辩证过程，安置在概念的直接性阶段，即概念浑然呈现、尚未分化的状态之中。因此，质、量、度不涉及分化、差异与对立等范畴。照黑格尔看来，量并非质的内在否定因素；反之，质也非量的内在否定因素。量的增减导致质的变化；质的规定体现量的特定界限。它们相互过渡，形成稳定与变易的统一。稳定，说明某物总是某物；交易，说明界限突破，某物转化为他物。"存在"在黑格尔《逻辑学》中作为一个抽象空洞的纯概念出现，但是它实际上是对未加剖析的、直接呈现于我们感官面前的、尚不知其底蕴的事物的描述。有如初生婴儿对呈现在他眼前的事物只有笼统的直观，至于该事物究为何物，他是莫名其妙的。因此，黑格尔的"存在论"，从我们的观点而言，实际上它刻画的是我们眼前的直接事物。直接事物尚未分化，就谈不上什么对立关系。此点是我们探讨质量关系时绝不可以忽视的。质量关系是比对立关系低一个层次的范畴，质量关系不能视为对立关系的特殊场合。

黑格尔认为辩证的质量关系是：首先由质过渡到量，其次由量过渡到质。而所谓尺度，乃是质量统一体。在自然界里，各类事物均有一定的尺度，不得逾越，无论是流水或岩石，它们的质是受它们所包含的元素之量的比例所制约的。在人类社会中也是一样，财富、荣誉、快乐、痛苦等等皆有其一定的尺度，超越这个尺度就会沉沦与毁灭。

质量统一体的变化过程，即交替着先由单纯的量变，然后由量变转化为质变的过程，我们可以用交错线（点）作为比喻来帮助了解。黑格尔所谓的交错线（点），类似自然科学中的临界点。他曾经以化学化合为例，指出质的交错与飞跃的产生。一个特殊化合物的出现，不须通过中间阶段，而是依靠一定尺度的比率，并且有它自己的质。氧化铅是在氧化的某个量的点上形成的，而不是逐渐过渡的。化学的化合如此，物理性状的变化也是如此。例如水的三种物理形态：固体、液体和气体（当时科学水平尚未发现超固体与等离体），这些状态也不是逐渐出现的，而正是在交错点上，温度改变的单纯渐进过程突然中断了、遏止了，另外一种状态的出现就是一个飞跃。生和死也是一样，不都是连续的渐进，倒是渐进的中断，是量变到质变的飞跃。这些卓越的辩证思想，差不多完全为马克思、恩格斯所吸收并加以唯物的改造，成了我们质量互变规律的主要的理论内容。

如果说，黑格尔在存在论中提出了变易问题以及质量互变的形式问题，那么，他在本质论中实际上从客观变化中探索了变易的动因问题。动因问题是辩证法区别于形而上学的一个关键问题。

二十一　概念在两极对流中浮动
——黑格尔《逻辑学》之二

黑格尔《逻辑学》的存在论与本质论构成了他的客观逻辑。客观逻辑讲的虽然是概念的直接阶段与间接阶段，但它在实质上论述了客观世界，亦即自然界的辩证发展。因此，列宁评价黑格尔的概念辩证法时说，黑格尔在概念辩证法中天才地猜测到了事物（现象、世界、自然界）的辩证法。这个评价是非常正确的。

在客观逻辑中，本质论更为重要。恩格斯认为黑格尔真正的自然哲学是在《逻辑学》的本质论中，这是他的全部理论的真正核心。看来，黑格尔的客观逻辑，特别是本质论部分，就是他的自然哲学，亦即我们现在通称的"自然辩证法"。至少我们也可以将其视为自然哲学或自然辩证法的结构框架部分或骨骼系统。

知性范畴与反思规定　存在论研究的是概念的直接性，本质论研究的是概念的间接性。黑格尔认为那直接的东西后面隐藏的东西才是真理之所在。因此，我们的认识就不能停留在直接性中，而必须透过直接性，捕捉存在后面的、那个不同于存在本身的间接的东西。这个东西就是本质。

由于事物的真相并不是它们所直接表现的那样，所以要想认识事物，仅仅从一个质反复转变到另一个质；仅从质过渡到量，从量过渡到质，那是不行的。因为质量范畴，照黑格尔看来，它们都是直接性的范畴，实际上是那尚未分化的感性事物的整体形象。也就是说，它不涉及事物的本质。

所谓本质的观点一般地讲来即是反思的观点。黑格尔在这里借用了一个外来词：Reflexion。这个词本来是用来讲光的，当光直接地射出，碰在一个镜面上时，又从这个镜面上反射回来，便叫作 Reflexion。因此，这个词中译为"反映"，引申到思想上的反映，又译为"反思"。反映的意思并不玄妙，就是指一个直接的东西的镜中之"映象"，所以是间接的东西。黑格尔说：映象就是一种被扬弃的存在，即对存在的直接性的扬弃。依此说来，事物的直接存在就好像是一个表皮或帷幕，在这里面或后面，还蕴藏着本质。

黑格尔认为不能把本质抽象孤立起来，看成独立自存的。他认为本质只有表现出来成为现象，即寓于可感的现象中，才能证实自己。这个想法是辩证的、深刻的。

黑格尔对于本质的分析，涉及一般哲学与科学的范畴。这些范畴是反思的知性的产物。知性的主要作用在分析，分析的结果是区别，区别意味概念的分化。知性将事物区分为两个方面，并且使这两个方面外在地相互并列或先后相继，于是事物相互之间的有机联系没有了。知性只是用一个"既是这样又是那样"的公式将二者机械地拼凑起来。我们有些人往往将"既是这样又是那样"当作一个辩证法的公式到处使用，殊不知这是一个道地的机械的形而上学公式。

概念处于本质阶段，尚未能达到对事物的绝对的辩证综合的认识，也就是说，尚未达到存在和本质的统一。因此，反思规定、知性范畴的抽象性与隔离性必须克服。黑格尔对一系列哲学与科学概念的分析，其特点是：不把这些概念和范畴互相并列或前后相继地拼凑起来，而是力图阐发这些概念之间的相互联系与推移过渡。虽然根据黑格尔体系自身的逻辑，这些区分开了的概念只有到"概念论"阶段才能达到真正的结合、辩证的综合，但是并不妨碍黑格尔在本质论中对反思规定、知性范畴给予辩证分析，这正是黑格尔远远超过一般哲学家与科学家之处。

两极对立 在本质论中，范畴差不多都是成对出现的，这是因为概念的间接性意味着概念的分化，即一个单纯的东西自身生长出否定其自身的因素，从而与它自身相对立。于是范畴成对出现，因而"对立关系"就成了这一部分的中心思想。

在反思规定中，首先出现的是"同一"与"差别"的联系。同一有"形式的同一"和"具体的同一"两种。所谓形式的同一只是抽象分析的结果，即通过分析丢掉具体事物所具有的部分多样性而只举出其中一种，或者是抹杀多样性之间的差异性而把多种的规定性混合为一种。黑格尔认为这只是抽象的知性同一，如果我们的思维活动只不过是干这种玩意，那就最无聊最无益不过了。而黑格尔所说的具体的同一才是真正的同一。形式的同一排斥一切差别，而具体的同一乃是同时包含有差别于其自身之内的同一。

所谓同一之中包含的差别，乃是事物自身的发展，从而达到对该事物成其为该事物的界限的否定而向他物转化。因此，黑格尔竟说，同一无疑地是一个否定的东西，不过不是抽象的空无，而是对存在及其规定的否定。

黑格尔关于否定性的分析是绝妙的，他认为不能把否定归结为虚无，它乃是事物自身之内差别的出现，而差别的出现表示自身之内产生了一个异己的存在，于是自己与异己两个方面在自身之内相对立，因对立才有联系。因此，差别与同一并不是彼此相外的，差别竟是由同一发展而来；对立与联系并不是彼此隔离的，联系竟是以对立作为前提。这个否定性真正是辩证法的实质之所在。

由此我们可以看到：黑格尔所说的差别不是外在的，例如一支笔与一头骆驼的差别。他讲的差别是内在的，要求我们能看出异中之同和同中之异。只有这样才能掌握内在的、本质的差别。他指出，肯定与否定就是这样的差别。它们彼此都是由于对方存在才存在。这种本质的差别就是"对立"。在对立中，有差别之物并不是一般的他物，而是与它正相反对的他物，这就是说，每一方都是它自己的对方的对方。黑格尔认为在物理学中所盛行的两极观念似乎包含了关于对立的比较正确的界说。这种两极性的对立，逐渐被承认为浸透整个自然界的普遍自然律。例如磁石的北极没有南极便不存在，反之亦然。阴电阳电也是一样。这些物理学上的物质关系，从哲学上讲就是肯定与否定、正与负的关系。肯定与否定本质上是彼此互为条件的，并且只存在于它们的相互关系之中。黑格尔反复强调指出，在对立关系之中，相异者并不是与任何他物相对立，而是与它正相反的他物相对立。可见，凡对立均相异，而相异未必都是对立。正如前例，一支笔与骆驼相异但并不对立。黑格尔关于对立的规定，也是为恩格斯所接受的。他说："**对立**——如果一个事物具有对立，那么它就同自身处在**矛盾**中，而且它在思想中的表现也是如此。"（《马克思恩格斯全集》第 20 卷，第 672 页）这就是说，对立是事物自身具备的矛盾性，而不是两物之间的外在差别性。别以为这样的概念分析空洞无用，须知"对立"的科学规定一定要搞清楚，否则便将在理论上造成混乱，行动上贻害无穷。

照黑格尔看来，同一自身派生的差别是本质的差别，本质差别就是对立，对立构成矛盾，矛盾就成为推动整个世界运动的原则。

黑格尔关于矛盾原则的论述是有其合理因素的。他指出：事物由于其自身的内在否定性，在其内建立了否定其自身的对方，于是形成了"对立面"。什么叫对立面呢？所谓对立面一般就是在自身内，包含有此方与彼方，自身与反面之物。对立双方由于相互否定而形成矛盾进展。矛盾通过自身的扬弃而归于统一。所谓矛盾的扬弃，并不是取消差别，排除对立，而是矛盾的转化，新旧的交替，即矛盾的解决与产生的交替。有人讳言矛盾的扬弃，认为这是什么矛盾的调和，其实是一种误解。

照马克思的讲法，黑格尔体系中的一切都是颠倒的。本来应该先有实际存在的事物，才能从而分析出它们不过是对立面的统一体。现在黑格尔先是确立"反思规定"即"知性范畴"，然后推导出实际存在的事物，这当然是唯心的说法。但是他将事物不看成是孤立的抽象的存在，而把它看成是对立面的统一，是矛盾，这个想法是可取的。

本质、现象及其他　本质必定要表现出来。当本质表现为一个实际存在的东西时，这个实际存在就是现象。黑格尔指出，本质并不徘徊于现象之外或现象之后，现象乃是与本质相结合的存在。因此，现象是比存在更为丰富的范畴。虽说黑格尔从抽象的规定出发，但他实际上更为重视那具体的范畴。

他从内容与形式、整体与部分、内与外几个方面分析了"现象"这一范畴，其中包含的辩证的理论内容是异常丰富而深刻的。

形式与内容是成对的规定。从一般知性观点看，往往重内容轻形式，似乎二者是可以分离的。其实形式与内容是不可分割的，是相互转化的。内容之所以成为内容是由于它包括有成熟的形式在内。日常语言中所说的没有形式的内容，实际上讲的是没有好的恰当的形式，并非完全没有形式。正当的形式，不但不是和内容漠不相干，而且这种形式正是内容本身。黑格尔在分析形式与内容的关系时，提出了对立面相互转化的观点，认为这是思想最重要的规定之一。"转化"说明推移过渡、新旧交替、否定转化为肯定、肯定转化为否定。"转化"意味着进展、辩证运动。转化观点是对形而上学观点的否定。

全体与部分的关系乃是内容与形式关系的展开。黑格尔认为内容就是全体，并且是由形式的诸部分、由它自己的对立面所构成。

当然全体必定包含部分，但不能按照部分来理解全体，那样全体就会停止其为全体。这犹如盲人摸象一样，如以象的一个部分代替全体，则象之所以为象就不复存在了。另外，一个有机整体不能机械地加以分割，肢体的诸器官脱离与有机整体的联系就不是那个器官了，因为它们既不能听、又不能闻，只是一些死物。

黑格尔还认为内与外也不是绝对对立的。内外首先具有同一个内容，凡物内面如何，外面的表现也如何。这就是表里一致的观点。他正确指出，人不外是他的一系列行为所构成的；一个人无法伪装到底，虽然一个人在个别事情上可以伪装，对许多东西可以隐藏，但却无法遮掩他全部的内心活动。

现象的多样性与具体性，要求从各个方面展开它的丰富内容。上述几对范畴无非是对现象这一范畴的逻辑结构与理论内容的刻画。现在有人将它们平列分割起来加以分析，其辩证思维能力看来还不如黑格尔了。

现实、可能、必然与因果　现在概念的分化过程、概念的前进运动已进行到最后一站了：概念运动达到了"现实"这一范畴。关于"现实"，由于黑格尔在他的《法哲学原理》中那个有名的命题，即"凡合理的都是现实的，凡现实的都是合理的"而在哲学界十分有名了。

黑格尔认为现实并不居于与理性对立的位置，毋宁说它是彻头彻尾合理的。任何不合理的事物，正因其不合理，便不得认作现实。可是黑格尔所意味的现实，不是单纯的经验事实，而是体现理性的合乎客观规律性的事实。

现实是本质规定与实际存在即客观事物的统一，是本质与现象的统一，是内与外的统一。它作为一个具体的范畴，包含前面那些范畴以及它们的差别，因此也就是它们的发展。

现实作为一个具体的范畴并不是凝固僵化的、单一抽象的，现实在它自身发展过程中表明其为可能性、偶然性，归结为必然性。对必然性的认识就接近对实体的掌握，从而也就获得了自由。黑格尔在抽象地分析这一系列哲学与科学的基本范畴时，实质上对现实世界的辩证发展做出了规律性的论述。

现实，首先只是可能性。可能性也可以说是一种潜在的现实性。从知性的估计出发，认为一切只要是不自相矛盾的东西都是可能的。但这只是一种空洞的可能性。黑格尔把知性看成只是一种空疏的抽象理智。知性总喜欢凭空揣想相当多的这样的可能性。譬如说，今天的天气不是天晴就是下雨，要么就是阴天或下雪，如此等等，其实对今天天气到底如何，什么也没有说。这种抽象的可能性的罗列，恰好表明是缺乏教育，缺乏对客观事物的特定联系的理解。因此，一个明智的和有实践经验的人，决不受这种可能性的骗，而坚持要掌握现实。也就是说，一个有丰富的生活智慧的人，决不轻信种种口头许诺，而要观察实际表现。

辩证法认为这种空洞的可能性是不可取的。一件事是否可能，取决于内容，亦即取决于现实性的各个环节的总和。

首先，现实的东西作为直接的东西是外在的。外在的东西只是偶然的。偶然的东西并不是抽象的，它也具备了现实性的外观。因此，偶然性在客观世界里仍有相当地位。任何科学研究，不能片面地采取排斥偶然性、单求必然性的作法。如果这样，只能流于空洞的概念游戏与抽象的知性推论。这是不能说明一个实际问题的。我们通常把这个老黑格尔看成是思辨地玩弄概念的大师，但其实他的主要倾向、绝对兴趣却在现实世界之中。

其次，我们固然不能排斥偶然性，但也不能对偶然性给予过高的赞誉。人们赞美自然界的风云变幻、珍禽异兽、怪石奇松；过高地估计自己的想象灵感、神秘情操、主观任性，殊不知这一切只是一些消失在纷纭模糊中的偶然性的观感而已。黑格尔指出：这些看来好像十分具体的直接印象，实际上是一种很抽象的心理态度，而哲学的辩证思维，却要求我们对自然的内在和谐性和规律性有更确切的识见。这就是说，现实必须扬弃偶然性发展为必然性。正如黑格尔所讲的，现实性在它的开展中表明它自己的必然性。

最后，当可能性具备了直接现实性，就不是抽象的形式的了，而成了一种真实的可能性，于是那只具备现实性外观的偶然性被证实而成为必然性。必然性就是被证实了的偶然性、发展了的现实性。这种必然性具备了一种所谓两极相反运动转化的能动性。黑格尔关于必然性的界说也许失之曲折艰深，但比那种说什么"必然性就是客观规律性"，而"规律性也就是客观必然性"这种毫无理论思想内容的同语反复强得多。

黑格尔把必然性的内外两极形成的相反运动，即从内到外、从外到内的运动的更替，看作是事物自身的运动，即是一种能动性。至此，一切便明白了：原来所谓必然性、客观规律性，乃是事物两极对立运动的更替，乃是一种能动性，乃是事物自身的运动。

"自己运动原则"是辩证法的根本原则，而必然性正是这一原则的概念表达形式。既然如此，我们所要达到的必然性，即是一物之所以是一物乃是通过它自身的运动，自依而不依他，于是受他物制约的依他性就被摆脱掉了。在这里，黑格尔达到了"主观能动性"与"客观规律性"的辩证统一，指出了现实性与必然性的一致性，从而开始了从概念的分化向概念的辩证的综合复归。

黑格尔《逻辑学》本质论是相当复杂的，但又是非常重要的。虽然他是从客观唯心论立场论述概念的辩证运动，但是他所揭示的辩证法的根本原则仍然是合理的。

第一，由差异到对立的辩证分化原则，是本质论中的特有原则，它是概念自身发展全过程中间的否定环节。应该特别注意：从差异发展到对立，而不是差异就是对立。对立是本质的差异，外在地不相干的差异不能形成对立。

第二，对立关系是辩证发展过程中势将被扬弃的环节，而不是僵化的外在的两军对峙。对立的扬弃必然要复归于综合，从而完成一个周而复始的过程，并向一个新过程转化，开始新的对立。

第三，本质论中的范畴基本上是成对的，但并不是彼此不相干的对子的外在罗列。它们在逻辑认识之网中，各有其特定位置。一个概念自我分裂而成对，复归于综合而形成一个后续的更为丰富而具体的新概念，再自我分裂而形成新对子，因此，它们是相互联系、推移过渡的。那种将范畴孤立地随意地、成对加以外在排列的做法，实际上取消了辩证法。

第四，恩格斯将本质论中的合理内容加以改造，概括为"对立面的相互渗透规律"是恰当的。对立面的相互渗透有待进一步发展，即对立被否定，分化复归于综合，对立面复归于统一，从而达到否定之否定。这样，才达到辩证运动的完成。因此，否定之否定，亦即对立面的统一才是辩证法真理之所在。

二十二　概念的圆圈形运动
—— 黑格尔《逻辑学》之三

现在我们总算艰难地走到黑格尔概念辩证前进运动的终端了。这个终端又与开端衔接，形成一个首尾相应的动态的圆圈。拿黑格尔特有的术语来讲，概念发展到此，便成了一个"自成起结的总体"。这个总体就是概念自身回复的过程，我们也可以比方为运动的一个周期。至此，"肯定—否定—否定之否定复归于肯定"，亦即"肯定—否定—肯定"的概念辩证进展的全过程完成了。

我们如果撇开黑格尔关于绝对理念的唯心主义的论证，那么，概念论部分实际上讲的是：辩证逻辑与认识论。列宁曾经评价说：黑格尔几乎没有专门把唯心论包括在内，而把辩证的方法作为自己的主要对象。这是他的逻辑学的最高成就和实质。当然，要剔除唯心论的糟粕、拣出辩证法的珍珠是一件十分细致的工作，必须有学者兼革命家的胆识才能完成这一工作。这一工作是由马克思、恩格斯、列宁等经典作家完成的。

在这一部分中，黑格尔在主观概念或主观性名义下，对形式逻辑关于概念、判断、推理的学说进行了辩证的改造：在客体或客观性名义下，论述了自然发展的三个阶段；在理念的名义下，论述了主观与客观的统一，实质上讲了主观如何反映客观并见之于客观，从而达到真理的过程。

过程自身的逻辑展开　黑格尔心目中的概念，不像在形式逻辑中那样，只是一个空洞的名称。他异乎寻常地指出：概念是完全具体的，但是，概念的具体性又不是具体事物的杂多性。

概念的具体性在于它是一切生命的原则、自由的原则。这是什么意思呢？所谓生命原则乃是说，概念不是一个僵化的、孤立的抽象物，而是前此整个逻辑运动发展的最终成果；所谓自由原则乃是说，它把前此一切包含于其自身之中，作为其内在的不可分离的环节，它克服了存在的直接性、本质的间接性，从而达到了二者的统一。由于它无所对待，本身自足，因而是自由的。总而言之，概念就是发展过程自身，通过发展，潜伏在它本身中的东西才得到充分的发挥与完全的实现。黑格尔的概念是对绝对精神辩证发展的全过程的逻辑概括，如果我们把概念看成是客观世界发展全过程本身，从而把它视为宇宙的根本原则那就对了。

这个代表发展过程本身的概念如何展开呢？这就是：概念自身的活动引起分化，从而使其内含的各个环节得到区分。"区分"形成"判断"。因此，判断乃是概念分化的结果。但是，判断并不止于区分，更重要的是对区分的各个环节予以联系。因此，判断又是概念的联结。例如，从花中分析出红色，"花"与"红"，尚不足以构成判断，而要指出："花是红的"才形成判断。

这里不想详细介绍黑格尔关于判断的分类，只想提出他远远超出形式逻辑的关于判断分类的辩证思想。他认为不能将不同的判断罗列在同一水平上，以为它们具有同等价值，它们之间应该有一个高低发展层次的阶段性秩序。譬如说，"这墙是绿色的"，做出这种判断只能说明他的判断力异常薄弱，而对一件艺术品是否真正美，要做出准确恰当的判断就不容易了。因此，同样一个简单的主谓命题，但能显示一个人的判断力的高低。

推论则是概念和判断的统一。推论也常常称为推理，因此，推论是合理的。一般讲，推论乃是判断的证明过程，因而是判断的联结。

概念、判断、推论的辩证发展过程，就是主观辩证法或辩证逻辑。但是绝不可把它们看作一套空洞的格式，如形式逻辑那样。

辩证逻辑区别于形式逻辑之处，除了它们的流动性外，还在于它们不能脱离客体，即要先从外面那些独立自存的客体中去找依据，亦即必须突破其主观性进入客观性。

主观性进入客观性，是黑格尔辩证逻辑中一个十分重要的思想。我们可以这样理解：辩证逻辑要求结合概念、判断、推论的客观内容来说明整个推导过程。所以黑格尔认为推论固然是合理的，一切事物也是合理的。事理一致、理在事中，这是一个颇有价值的想法。因此辩证逻辑的优胜之处在于它必须突破其主观性的限制进入客观性，即它不是单纯的思维规律，同时也是存在规律，因此，它既是客观辩证法，也是认识论；它乃是从客观辩证法过渡到认识论的中间环节。"客观辩证法"、"主观辩证法"、"认识论"是一体的。

客体的辩证发展　只要祛除黑格尔那个绝对精神的幽灵，便可见得黑格尔讲的"概念的主观性"实际上论述的是思维自身发展的辩证规律与范畴，它们绝不是空洞的格式而是充满了客观内容的。拿我们的话来说，不是主观性进入客观性，而是客观性规定主观性。也就是说，思维的辩证规律，既不是主观自生的，也不是绝对精神的表现，而是客体即自然界本身所固有的规律的反映。因此，客体的辩证发展是思维的辩证发展的根据。

那么，客体如何辩证发展呢？黑格尔说，客体或客观性包含机械性、化学性和目的性三种形式。这种概括未必是全面的，但他力图抓住自然界的发展线索，指出其推移转化，这种辩证思考的方式还是可取的。

当客体处于机械性阶段时，叫作"机械物体"，它们之间虽说也有差别；但从辩证观点而言，这些外在的差别算不得什么差别，因此，黑格尔索兴把它叫作"无差别的客体"。因为机械物体的差别是彼此不相干的，它们的联系也只是外在的。这样的客体只是一个凑合起来的东西，一个聚集体。例如，压力和冲力就是机械关系的例子；死记硬背得来的知识也是机械的，因为它用纯然外在的联系以认识某些记号、声调等。所以机械性乃是一种肤浅的、思想贫乏的观察方式，既不能使我们透彻了解自然，更不能使我们透彻了解精神世界。机械性不但不能解释精神现象，连光、热、磁、电等物理现象也难以做出恰当解释。

因此，我们的认识不能停留在客体的机械性阶段，而必须深入到客体内部，这样就由机械性进入化学性。机械式的客体彼此互不相干，而化学性的客体则显得完全与他物相联系。黑格尔认为这种客体是有差别的或有倾向的客体，它具有一种内在的构成它的本性的规定性。举一个极简单的例子，油与水是机械的外在关系，而氢与氧则是水的内在构成，氢与氧按二与一的比例化合，成为水的本性的规定性。

机械性与化学性虽然有这样的区别，但都是单纯客观的。但是，当客体过渡到目的性时，就从客观性中产生了否定其自身的因素，即出现了客观的"主观性"。其实目的性的出现，实际上指的是自然界的生命现象特别是能思维的生命现象的出现。

目的被规定为主观的，但是它自身就是一种主动的力量，它有能力克服其自身与客观的矛盾，从而达到目的的实现。所谓目的的实现，就是使主观见之于客观。目的转入它的主观性的对方，而客观化它自己，进而扬弃了主客观的差别，使主观的预想变成客观的东西。例如一个计划的实现，头脑里的、纸上的东西成为客观存在的东西。大凡合乎客观规律的主观目的，终归会实现的。因此，这种内在目的性的出现，即生命、思维现象的出现，标志着客体的分化，标志着自然物质现象之中派生了非物质的精神现象。

理念是精神现象的结晶 关于目的性的探讨，把我们带入生命与精神现象领域。照黑格尔看来，生命是理念的最初表现。理念是黑格尔概念论的最后一环，是精神现象的结晶，是辩证思维自身的实现。黑格尔说，理念可以理解为理性。哲学上所说的真正的理性，和普通习称的理性，即哲学上称为知性的东西是有区别的，它不停留在知性的分析上，而要求辩证地分析与综合。这种理性就是辩证思维。

因此，理念自身就体现辩证法。在辩证分化过程中，理念不断地区别并分离同一与差别、主体与客体、有限与无限、灵魂与肉体。这种分化过程意味着辩证的否定。辩证的否定才是永恒的创造、永恒的生命。但是，理念又不同于知性，知性只管外在的区分，而不管内在的综合。理念考虑到这种分化、这种对立的相对性，以及对立双方的独立性的虚假性，从而使分化复归于综合，对立复归于同一，否定再被否定复归于肯定。这种回复过程，就是上述黑格尔宣称的那个"自成起结的总体"，就是一个动态的圆圈。因而，理念本质上就是一个过程。

理念作为一个过程，它自身的发展也经历了三个阶段，即生命、认识和绝对理念。

生命的价值在于它表现为一个自身内部的运动过程，因此，有生命之物自身具有能动性，它与无机自然相对抗，摄取自然物质，从而保持、发展并客观化其自身。黑格尔关于生命的哲学表述并不深奥，讲的其实就是新陈代谢作用。有生命之物是要死亡的，因为生命的实质就是死生对立的矛盾运动。

生命的发展产生意识，意识的前进形成认识。认识的作用便将主观与客观两个方面结合起来了。认识过程一方面接受客观世界形形色色的事物，使其进入主观的表象和思想之内，这样就克服了片面的主观性，使主观表象与思想有了客观内容；另一方面认识过程又扬弃了客观世界的偶然性、虚幻性，规定并改造了这些客观聚集体，使其服从于并服务于人的主观目的。前者是认识的"理论活动"；后者是认识的"实践活动"。黑格尔把理论活动称为"真的理念"，而把实践活动称为"善的理念"。真的理念主要是认识世界，而"善"趋向于决定当前的世界，使其符合于自己的目的。

黑格尔特别看重"善的理念"即实践活动。他认为这个理念比以前考察过的认识的理念，即真的理念更高，因为它不但具有普遍性的品格，而且具有绝对现实性的品格。这就是说，黑格尔重视实践，认为实践的结果不但具有普遍意义而且有现实意义。它不是徒托空言，而是见诸行动。所以列宁评价道：行动的结果是对主观认识和真实存在着的客观性的标准的检验。黑格尔在思辨的纱幕的笼罩下，不寻常地把实践纳入认识论之中，这是西欧认识论发展的一个突破。这一著名观点以后为马克思主义经典作家加以唯物的改造，成了马克思主义的重要哲学原理之一。

绝对理念是理论的与实践的理念的统一，也是生命的和认识的理念的统一。绝对理念实际上就是整个体系的代名词，前此概念的种种发展、推移、转化，都只是其中的一个环节。因此，也可以说，绝对理念是概念辩证法自身。概念辩证法正是黑格尔哲学的基本内容,也是唯物辩证法的主要历史来源。

黑格尔的概念辩证法从"抽象的存在"开始,最后达到理论和实践统一的绝对理念。而绝对理念由于它的实践性、现实性,就成了一个"存在的理念",因而是具体的。它不是远离自然,而是更加接近自然。于是,黑格尔说,存在着的理念就是自然。列宁指出:唯物主义近在咫尺!这就是说,黑格尔体系是颠倒过来的唯物主义。黑格尔的概念辩证法实际上不过是自然辩证法的反映。

二十三　伟大的转折
——从黑格尔、费尔巴哈到马克思

黑格尔哲学凯歌行进，不但支配着哲学思想界所有的头脑，而且渗透到各个领域。这样一个胜利的进军差不多经历了半个世纪。然而物极必反！当黑格尔的独占统治于1830—1840年达到顶点之后，便开始了黑格尔学派的全面分裂。

黑格尔体系的客观唯心性质、宗教神学性质、政治保守性质，扭曲了它的无比丰富的现实内容，而且与本质上是革命的辩证法之间产生了尖锐矛盾。黑格尔哲学解体后，黑格尔右派及左派中的鲍威尔之流，重新翻腾起黑格尔体系中的宗教与唯心论的残渣。这些平庸无奇的末流在哲学上的呓语与争吵，恰似市井妇孺的喧嚣，虚声的恫吓与污秽的恶骂交织着，它意味着哲学濒临绝境。就在这个时候，一部分最坚决的黑格尔左派却走上了英法唯物主义的道路。在思辨的绝对唯心主义占统治地位的德国，首先高举唯物主义大旗的是费尔巴哈。

1841年，费尔巴哈的《基督教的本质》一书出版，真正宣布了唯物主义的胜利。过去思辨哲学以"思维本身"作为考察对象，而费尔巴哈却以思维主体的"人"作为考察对象。他宣布：世界上除自然和人以外，一无所有，而宗教所捏造的神性实体只不过是人的实体的虚幻的反映。

费尔巴哈正确指出德国思辨哲学与宗教的血肉联系,他说:"思辨哲学的本质不是别的东西,只是理性化了的、实在化了的、现实化了的上帝的本质。"又说:"上帝的本质的主要特质或属性,就是思辨哲学的主要特质或属性。"因此,思辨哲学并没有摆脱哲学作为宗教婢女这种可悲的命运。费尔巴哈结束了这种哲学作为神学附庸的处境,使哲学走上了独立发展的道路。

费尔巴哈在哲学的基本问题上提出了唯物主义的主张,他说:"思维与存在的真正关系只是这样的:存在是主体,思维是宾词。思维是从存在而来的,然而存在并不来自思维。"既然存在、物质是第一性的,思维、意识是派生的,那么,就应以客观存在、物质作为哲学的研究对象。因此,费尔巴哈指出:"新哲学将人连同作为人的基础的自然当作哲学的唯一的、普遍的最高的对象。"

将人及自然作为哲学研究的对象,这无疑是向唯物方向迈出的决定性的一步。这一步绝不是英法唯物主义观点的简单重复。十八世纪英法的唯物主义基本上是以机械力学占支配地位的科学技术的哲学概括。那时,把动物甚至人也视为一部机器。这种唯物主义"见物不见人",其肤浅性与片面性是可以想见的。费尔巴哈以自然界的最高产物——人——作为他哲学的研究中心,而且也将人类学连同生理学当作他哲学的科学基础,这是他远远超出十八世纪机械唯物主义之处。

但是,费尔巴哈的唯物主义仍然有其局限性。第一,费尔巴哈的人,只是人类学上的、生理学上的人,他并不真正懂得人之所以为人主要在于其"社会性"。马克思曾经说过:社会才是人同自然的完善的统一。因此,自然产生了人的躯体,社会才能使人最终摆脱动物状态,并使自己飞跃而成为有别于兽类的人类。

第二，费尔巴哈虽然承认：统治自然界的不是上帝，而只是自然界的力量、自然界的规律、自然界的元素和实体，但他并不了解这些统治客观世界的规律的辩证性质。在他看来，对立的统一只有在抽象之中才是可能的，他看不到现实存在的矛盾，未能在批判黑格尔过程中，认真吸取其辩证法的精华。

第三，费尔巴哈脱离实际、脱离政治，因此，他"不能找到从他自己所极端憎恶的抽象王国通向活生生的现实世界的道路"（《马克思恩格斯选集》第4卷，第236页）。他没有参加1848年革命，也不懂得1848年革命，甚至说出这样的话："因为我不能以任何方式积极参加到徒然的、从而毫无意义的事情里面去。"哲学不能结合实际为人类的彻底解放服务，也就缺乏继续前进的力量了。

费尔巴哈哲学必须被否定，这不但是革命实践的要求，而且也是唯物主义理论要求进一步完善的逻辑必然。

随着生产、历史、科学与哲学自身的发展，唯物主义不可避免地要改变它的形式。如果说机械唯物主义是达到黑格尔哲学的否定环节，那么，以人本主义为特征的费尔巴哈唯物主义就成为向马克思主义哲学过渡的否定环节。机械唯物主义与费尔巴哈唯物主义尽管各有其时代的科学的特征，但都具有形而上学性，这一点是共同的。唯物主义要继续前进，就必须摆脱形而上学的桎梏与辩证法相结合。

费尔巴哈唯物主义正由于它以人与自然作为研究对象，那能动的因素实际上就潜藏于其中了。如果把这一点充分发挥出来，就能彻底祛除其形而上学性，使黑格尔完备的辩证法体系在唯物主义的基础上复归，也就是说，使辩证法突破它那神秘的外壳而得到唯物主义改造，同时，唯物主义也获得了它的新形式——辩证唯物主义。

那潜藏的能动因素是费尔巴哈哲学自身生长出来的否定其自身的因素，它的发展与转化的必然趋势是辩证唯物主义的诞生。创立辩证唯物主义的光荣使命，历史地落在马克思的身上。因此，恩格斯指出："从黑格尔学派的解体过程中还产生了另一个派别，唯一的产生真实结果的派别。这个派别主要是同马克思的名字联系在一起的。"(《马克思恩格斯选集》第4卷，第238页)

马克思在恩格斯参与下对新哲学的创立，主要有两点：第一，把唯物主义与辩证法相结合；第二，把社会历史的发展与唯物主义相结合。这两点导致了唯物主义的辩证化与彻底化，从而将哲学上升到一个更高的水平。

马克思主义哲学是从批判黑格尔哲学并正确评价费尔巴哈哲学开始的。马克思、恩格斯在总结以黑格尔为代表的思辨哲学的特点时写道："第一、黑格尔善于用巧妙的诡辩把哲学家利用感性直观和表象从一实物推移到另一实物时所经历的过程，说成想象的理智本质本身即绝对主体本身所完成的过程。第二、黑格尔常常在**思辨的**叙述中做出把握住**事物**本身的、**真实的叙述**。"(《马克思恩格斯全集》第2卷，第75—76页)马克思在这里揭露了黑格尔对现实发展所作的唯心主义的歪曲与颠倒，但也敏锐地发现了黑格尔哲学神秘外壳下的客观的、有价值的东西。

马克思、恩格斯赞扬费尔巴哈下列观点："'历史'并不是把人当作达到**自己**目的的工具来利用的某种特殊的人格。历史**不过是**追求着**自己**目的的人的活动而已。"(《马克思恩格斯全集》第2卷，第118—119页)恩格斯认为这是费尔巴哈的天才发现之一。人不是被动的工具，人是创造历史的能动因素。这一点点辩证思想的萌芽，是费尔巴哈哲学容纳不了的，然而它却成了马克思主义哲学的宝贵养料。

其实，这样可贵的思想在费尔巴哈哲学中还可以在各处零星散见。例如，他曾经谈道："如果缺乏生活上的必需品，那末也就缺乏道德上的必要性。生活的基础也就是道德的基础。如果由于饥饿由于贫穷你腹内空空，那末不问在你的头脑中、在你的心中或在你的感觉中就不会有道德的基础和资料。"但是，他并没有完成从唯心史观到唯物史观的飞跃。他虽然拼命抓住"人"，但他始终不懂得人及其历史，因此，对社会历史不得不陷于抽象的空谈。正如马克思和恩格斯所说的："当费尔巴哈是一个唯物主义者的时候，历史在他的视野之外；当他去探讨历史的时候，他决不是一个唯物主义者。在他那里，唯物主义和历史是彼此完全脱离的。"(《马克思恩格斯选集》第1卷，第50页)

只有马克思和恩格斯才完成了这样一个飞跃。他们指出研究人类历史的出发点，"应当根据经验来揭示社会结构和政治结构同生产的联系，而不应当带有任何神秘和思辨的色彩"(《马克思恩格斯选集》第1卷，第29页)。这就是说，我们应从客观社会固有的联系来研究社会，这样，关于社会历史的研究就走上了科学的道路。

显然，社会历史的基础是自然界以及活动于其中的人，而人为了要生活，必须从事生产活动。因此，马克思、恩格斯指出："任何历史记载都应当从这些自然基础以及它们在历史进程中由于人们的活动而发生的变更出发。"还说："每日都在重新生产自己生命的人们开始生产另外一些人，即增殖。"而人们为了要生活与增殖，就必须从事生产活动，"因此第一个历史活动就是生产满足这些需要的资料，即生产物质生活本身"(《马克思恩格斯选集》第1卷，第24、33、32页)。在这一基础上，马克思、恩格斯初步形成了他们的唯物史观，以后就是进一步对这一理论进行精确地描述、深入地发挥与科学地论证了。

马克思和恩格斯初步形成的"辩证唯物主义和历史唯物主义"的哲学思想,马克思极为精练地把它概括在《关于费尔巴哈的提纲》之中,恩格斯把这份提纲誉为"新世界观天才萌芽的第一个文件"。

这个提纲明确提出了新哲学的最根本的观点,即革命的、实践的观点。在这一观点的统率下,《提纲》从三个方面展开:(1)马克思站在唯物主义立场上,吸收了黑格尔哲学的合理因素,克服了费尔巴哈哲学的直观性,阐明了革命实践的观点,规定了新哲学的任务。(2)奠定了唯物史观的基础,从革命实践的、辩证的观点分析了社会结构问题。(3)指出了新旧唯物主义的根本区别及其社会基础。

马克思指出:费尔巴哈没有把人的活动理解为客观的活动。他在批判犹太人的创世原则时说,这种原则与其说是主观原则,不如说是利己主义原则。犹太人认为自然乃是根据人们的意志与需要而制造出来的,是命令的产物。费尔巴哈认为犹太人只从实惠的观点来看自然,功用主义、效用乃是犹太教之至高原则,并从而指出,他们的原则、他们的上帝乃是最实践的处世原则,这是利己主义的。由此看来费尔巴哈心目中的"实践",乃是一种主观随意行动、利己主义活动、贪图、个人眼前实惠的日常活动。费尔巴哈反对这种庸俗的"实践"是正当的,但他未能理解实践的真正含义。

他把认识的主体(人的感觉、思维)与认识对象(客观世界)对立起来,不了解人们的认识活动本身也是一种客观活动,而且人们头脑里根据客观规律所设想出来的东西,将通过人们的实践活动转化为客观的东西,即通过实践,使主观见之于客观。费尔巴哈不完全懂得认识不单单是消极的直观,而是积极的改造的道理。然而,这个问题却被一些唯心主义者抽象地加以发展了。例如,黑格尔便站在完全唯心的立场论述了"能动性"、"目的性"、"实践"等问题。

黑格尔在他的《大逻辑》中论述了"善的理念",在《小逻辑》中谈到了"目的性"问题。黑格尔于此精辟地分析了主观与客观的关系,接近了实践高于理论的观点。他在此所讲的"善",不是一个道德范畴,而是一个认识论范畴。他说:"这种包含于概念之中且与其相等的规定性,这种包括个体的、外在的、现实性的要求于其自身之内的规定性,就是善。"因此,善不仅是一个抽象概念,而且包含将其转化为"个体的外在的现实性的要求",通俗地说,就是包括使抽象的主观的概念变为具体的客观的实践。

黑格尔在《小逻辑》中谈到目的及目的的实现时,实际上阐明了主观转化为客观的原理。他说:在目的实现的"这个过程里,目的转入它的主观性的对方,而客观化它自己,进而扬弃主客观的差别,**只是自己保持自己,自己与自己**相结合","实现了的目的因此即是主观性和客观性的**确立了的统一**"。黑格尔还正确指出:主观意志之所以有时不能达成自己的目的,就是因为不承认不以主观意志为转移的客观现实。列宁指出:这是纯粹的唯物主义!

黑格尔上述天才闪烁的思想火花,被马克思加以改造而发扬光大,成为照亮无产阶级胜利前进的道路上的熊熊火炬。列宁说:"毫无疑问,在黑格尔那里,在分析认识过程中,实践是一个环节,并且也就是向客观的(在黑格尔看来是'绝对的')真理的过渡。因此,当马克思把实践的标准列入认识论时,他的观点是直接和黑格尔接近的。"(《哲学笔记》,第228页)

马克思接受了费尔巴哈的"真正现实的、感性活动的立场",但批判了它的直观形式,而从实践方面、主观能动方面来理解它,亦即批判了费尔巴哈将认识与实践分割的观点,从而将实践视为认识过程中的一个根本环节。

马克思也批判地吸取了黑格尔关于"善的理念"、"目的性"等方面的合理因素，但扫清了它的思辨的、神秘的议论，从而使它得到科学的说明。黑格尔所谓的"善"，实际上指的是合乎客观现实的主观目的、趋向，即人们想实现自己的目的的趋向，想在客观世界中通过自己给自己提供客观性和实现自己的趋向。因此，黑格尔的"善行"就是"能动地改造世界"。列宁在分析黑格尔关于"善"或"实践"的观点时，指出其实质说："换句话说：人的意识不仅反映客观世界，并且创造客观世界。"又说："这就是说，世界不会满足人，人决心以自己的行动来改变世界。"（《哲学笔记》，第228—229页）当然，黑格尔自己并没有达到这一步，只有马克思才第一次明确做出结论："哲学家们只是用不同的方式**解释**世界，而问题在于**改变**世界。"（《马克思恩格斯选集》第1卷，第19页）

马克思为新哲学提供了"革命的实践"的基本观点，提出了"革命地改变世界"的任务。这就是无产阶级新的世界观的天才萌芽。马克思主义哲学在立场、观点与任务三个方面和旧唯物主义有了根本分歧，即立足于社会主义与立足于资本主义的分歧、革命实践与单纯直观的分歧、决心改造世界与消极解释世界的分歧。

哲学的革命变革完成了，以马克思命名的新哲学诞生了。马克思主义哲学才是有史以来自身显现为真理的哲学。

马克思主义哲学的形成是无产阶级革命时代的产物，也是人类思维认识的辩证前进运动的必然趋势。列宁在设想哲学上的"圆圈"运动时，即哲学自身的辩证发展历程时，指出近代哲学上的"圆圈"是："黑格尔—费尔巴哈—马克思"（《哲学笔记》，第411页）。

从黑格尔、费尔巴哈到马克思，在这个哲学思想发展的"圆圈"中，黑格尔属于肯定阶段，费尔巴哈属于否定阶段，马克思属于否定之否定复归于肯定阶段。如果前两阶段是走向真理的起点与过渡环节，那么，马克思学说便进入了哲学的辩证综合，从而自身显现为真理的阶段。

马克思主义哲学是真理，不但在各国人民的革命实践中得到证实，而且也为辩证思维历史运动的逻辑所证明。这就是说，马克思主义哲学作为真理，不但有客观实践的根据，而且有历史的思维自身发展的必然性。马克思主义哲学作为真理，最关键点是在唯物的基础上对辩证法的范畴与规律的揭示。因此，我们学习与掌握马克思主义哲学的首要之点，便是深入研究马克思的唯物的否定性辩证法。

二十四　金星闪耀　大地生辉
——马克思唯物辩证法的诞生

深邃的天空每天有两次富于色彩的时刻，那就是晨光熹微的黎明和夕照疏林的黄昏。这两次金波流艳、垂云似锦的前后，总伴临着一颗明亮的星星，那就是太白金星。它集晨星与昏星于一身，启明而又送暮，它形象地表达了终端向开端复归的哲理。太白金星真是一颗智慧之星、辩证之星。

马克思（1818—1883）是辩证思维领域的真正的太白金星，他的诞生标志着辩证思维发展的伟大转折。辩证思维终于完成了它向现代科学形态的过渡，给自然、社会、思维各个领域以极其深刻的影响。

马克思从中学时代起就向往着从事抽象真理的研究，认为只要有坚定的原则和不可动摇的信念，从事这种工作看来还是最高尚的。而且，他还认为只要把这种事业同人类的福祉联系起来，重担就不会把我们压倒，我们所感到的就不是可怜的、有限的、自私的乐趣，我们的幸福将属于千百万人。我们的事业将默默地、但是永恒发挥作用地存在下去，而面对我们的骨灰，高尚的人们将洒下热泪。（参阅《马克思恩格斯全集》第40卷，第6—7页）

1835年，青年马克思便立下了这样的志愿。这个志愿后来终于实现了，为此他献出了自己的毕生精力。马克思对理论研究的兴趣是终生不渝的，而且他总是把理论研究同人类命运以及革命活动联系在一起。

马克思的理论活动，特别是关于哲学与辩证法的探讨，始终是与他的终身密友恩格斯共同协作进行的。他们都具备革命家的炽烈的感情，同时都有一颗睿智过人的心灵。他们年轻时代都受教于黑格尔门下。马克思公开宣称："我要公开承认我是这位大思想家的学生，并且在关于价值理论的一章中，有些地方我甚至卖弄起黑格尔特有的表达方式。"（《马克思恩格斯全集》第23卷，第24页）恩格斯则认为："我们德国社会主义者却以我们不仅继承了圣西门、傅立叶和欧文，而且继承了康德、费希特和黑格尔而感到骄傲。"（《马克思恩格斯全集》第19卷，第347页）

但是，他们并不迷信黑格尔，而是从他的哲学中批判地汲取了辩证方法，抛弃了那些唯心主义的框架。因此，他们对黑格尔传统不是简单地继承，而是革命地变革。

1842年到1845年间，青年马克思的思想已面临了一个转折点。列宁在研读马克思、恩格斯合著的《神圣家族》一书时指出："在这里，马克思由黑格尔哲学转向社会主义：这个转变是显著的——可以看出马克思已经掌握了什么以及他如何转到新的思想领域。"（《哲学笔记》，第7页）

这个时候，正如马克思和恩格斯所指出的："在1842年至1845年这三年中间，在德国所进行的清洗比过去三个世纪都要彻底得多。"（《马克思恩格斯全集》第3卷，第19页）当时，德国正处于思想空前震荡的大变革时代。马克思以鲜明的阶级倾向、澎湃的革命激情、深邃的辩证分析，揭露了神圣不可侵犯的私有制的罪恶，控诉了雇佣劳动的残酷剥削,指出了共产主义的光明远景。

马克思关于辩证法的研究从一开始就是结合政治、历史、经济的分析,服从于共产主义革命目的的。

马克思的《1844年经济学哲学手稿》就是一部晨星初露的晶莹夺目的著作,它潜在地包括了马克思日后历史、经济、哲学等方面著作的基本思想。特别值得指出的是这份《手稿》的最后一章,专门对黑格尔辩证法和哲学进行了一般批判。由此不仅可以看出马克思在哲学上从黑格尔左派转向辩证唯物主义、在政治上从资产阶级民主主义转向社会主义,而且可以看出马克思已经奠定了观察与分析历史、政治、经济现象的基本观点与方法。这就是:唯物的否定性辩证法。

马克思指出:"黑格尔的**《现象学》**及其最后成果——作为推动原则和创造原则的否定性的辩证法——的伟大之处首先在于,黑格尔把人的自我产生看作一个过程,把对象化看作失去对象,看作外化和这种外化的扬弃;因而,他抓住了**劳动的**本质,把对象性的人、现实的因而是真正的人理解为他**自己的劳动**的结果。"(《马克思恩格斯全集》第42卷,第163页)

黑格尔在《精神现象学》中揭示了辩证法最基本的特征是"否定性";辩证法的基本原则是"推动原则和创造原则";辩证法把现实的真正的人看成是"外化及外化的扬弃过程",从而认为人是"自己劳动的结果"。

所谓对象化、外化,在黑格尔看来,和"异化"是同义的,马克思则用"否定性"来代替"异化"这一概念,这样就摆脱了"异化"的多义性,从而奠定了唯物的否定性辩证法的基础。

如前所述,黑格尔的那个绝对理念的辩证发展过程,即绝对理念否定其自身外化为自然,换句话说,绝对理念异化为自然,自然又异化为精神，从而复归于绝对理念、绝对精神。这个两度异化，就是两度否定，而整个过程便是否定之否定复归于肯定的过程，即辩证发展过程。因此，这个贯穿于黑格尔体系之中的"异化"或"否定性辩证法"，正是黑格尔哲学中有价值的因素，如将它唯物地加以改造，便能指出一条正确认识与改造世界的道路。

黑格尔从唯心主义的角度论述了思维与存在的辩证关系。他认为"当前的现实直接以它的彼岸，亦即以它的思维和思维的产物为对立面，反之，思维则以此岸，亦即以它自己异化出来的现实为对立面。"这就是说，思维及其产物与现实世界，亦即思维与存在彼此对立，而存在不过是思维异化出来的现实。换言之，存在乃思维的派生物。因此，黑格尔的观点是：思维自身的分化，走向自己的反面，否定其自身，外化为存在。马克思指出：这"已经不是向外部而是仅仅在自身内部进行的抽象思维运动，也就是说，其结果是纯思想的辩证法"（《马克思恩格斯全集》第42卷，第163页）。

马克思在揭示黑格尔辩证法唯心主义实质的同时，又指出它"隐藏着批判的**一切**要素，而且这些要素往往已经以远远超过黑格尔观点的方式**准备好**和**加过工了**"（《马克思恩格斯全集》第42卷，第162页）。马克思抓住了这些要素，使黑格尔的纯思想的辩证法变成了客观现实的辩证法。

马克思坚持了费尔巴哈的正确观点，纠正了黑格尔关于"神人的颠倒"。我们都知道，黑格尔的那个驾临于一切之上的、先于一切而存在的绝对精神就是上帝的别名。他认为，绝对精神的外化才使自然界、人类社会以及人类精神出现。因此，黑格尔体系实际上成了"上帝创造人"的理论根据。费尔巴哈从唯物主义立场出发反驳了这种观点，宣布了无神论的胜利。马克思和恩格斯衷心拥护费尔巴哈的看法，认为这对他们起了解放思想的作用。但是，他们并没有停留在费尔巴哈人本主义的立场上,指出宣布无神论的胜利尚不足以克服宗教。

费尔巴哈认为宗教的秘密在于:人使自己的本质异化,即将自己的本质转化为外在的与自己相对立的精神实体,这个精神实体就是上帝,然后又使自己屈从于这个从其自身异化出来的精神实体的统治。于是,人变成了自己产物的"产物",并为自己的产物所支配。费尔巴哈批判了这种神人颠倒的现象,宣布了震惊当时社会的结论:不是上帝创造人,而是人创造上帝。

现在的问题是:人的本质是什么?什么决定人的本质?费尔巴哈把所谓"依赖感"、"性爱'说成是普遍人性,并以此为据,企图建立什么爱的宗教。这里表现了他的唯物主义立场的不彻底性。

马克思卓越之处在于:他认为必须从政治经济关系中去阐明人性的本质。于是对天国的批判就变成对尘世的批判;对宗教的批判就变成对法的批判;对神学的批判就变成对政治的批判。

唯心主义者黑格尔在政治法律等问题上比唯物主义者费尔巴哈反而现实得多。社会政治领域对于费尔巴哈始终是一个不可知的国度。黑格尔则从年轻时代起就关心政治,对社会政治问题有很深刻的见解。但是,由于他的唯心主义立场,又把事情搞颠倒了。黑格尔颠倒了"国家"与"市民社会"的关系,即颠倒了上层建筑与经济基础的关系。马克思正确指出:"实际上,家庭和市民社会是国家的前提,它们才是真正的活动者;而思辨思维却把这一切头足倒置。"(《马克思恩格斯全集》第1卷,第250—251页)

黑格尔虽然蔑视"市民社会",即我们现在通称的经济领域,但他却在唯心主义的外壳下,思辨地分析了"劳动"问题,而且讲得相当精彩。他认为劳动乃是"主观性和客观性的中介"。就是说,它乃是主观需要达到客观满足的手段之一。因此,马克思指出:"黑格尔站在现代国民经济学家的立场上,他把**劳动**看作人的**本质**,看作人的自我确证的本质。"(《马克思恩格斯全集》第 42 卷,第 163 页)因此,劳动过程就是人的自我创造过程。黑格尔认识到劳动的本质,把现实的人理解为他自己劳动的结果。他关于劳动的分析,贯穿着历史的辩证的观点,这就是说,人在其历史发展过程中,通过劳动才真正成其为人。因此,黑格尔在这一问题上的观点是有合理因素的。

但是,在劳动问题上,黑格尔又作了唯心主义的颠倒。马克思说:"黑格尔唯一知道并承认的劳动是**抽象的精神的**劳动。"(同上)他不把劳动看成是现实的物质的,他也没有看到劳动的积极成果向对立面转化的必然趋势,即在一定的社会历史条件下,劳动在现实生活中变成异己的力量,转过来又奴役劳动者自己这一严峻的事实。

马克思以其彻底的辩证精神,纠正了黑格尔关于劳动问题的颠倒。他提出了"异化劳动"的观点。"异化劳动"是马克思早期提出的有着哲学概念外观的政治经济学概念。他运用这个概念,初步揭示了资本主义社会的矛盾,提出了无产阶级共产主义革命的使命。

早在 1843 年马克思就深刻揭示了以商品交换为特征的资本主义社会中的货币、金钱的实质。他说:"钱是一切事物的普遍**价值**,是一种独立的东西。因此它剥夺了整个世界——人类世界和自然世界——本身的价值。钱是从人异化出来的人的劳动和存在的本质;这个外在本质却统治了人,人却向他膜拜。"(《马克思恩格斯全集》第 1 卷,第 448 页)所谓"有钱能使鬼推磨"、"钱能通神",在商品交换占统治地位的社会里,金钱的威力胜过鬼神。如果说,在封建社会人们主要屈从于鬼神的力量,那么,在资本主义社会中,金钱取鬼神的地位而代之。鬼神力量乃人类精神力量的异化,人们通过对天国的批判来克服鬼神的统治。至于金钱的力量乃人类劳动的异化。人类劳动创造了价值，金钱作为一般等价物表现了价值。金钱从此便取得了随心所欲地占有一切的魔力，包括占有诞生金钱的母体——人类劳动。这样一来，人为自己劳动的创造物所役使、所摧残。人们必须克服异化劳动所产生的政治经济后果，才能结束金钱的统治。

由此看来，马克思将"异化"用于分析政治经济现象时，便有其特定含义。他的"异化"，不同于对象化、客观化，而黑格尔则是混用的。所谓对象化乃是通过劳动使主观见之于客观，即通过劳动从自然取得生产与生活资料，从而改造自然、改造社会、改造自己。只要有人类社会就有人类劳动的对象化。此即马克思说的、黑格尔也从唯心主义角度看到了的那劳动的积极的一面。

至于劳动消极的一面，即在特定社会制度下，对象化了的劳动形成了一种异己的力量，从而统治劳动者，使其丧失生产与生活资料，过着非人生活的一面，这是为资产阶级思想所局限的哲学家黑格尔等人所根本看不到的。

马克思运用唯物辩证法第一次明确地揭露了在资本主义私有制下，劳动发展到一定阶段，分裂出自己的对立面，变成外在的异己力量。于是，劳动者的产物作为一个异化的存在，作为一个不依存劳动者的敌对势力对抗着劳动。这就是说：劳动积累变成资本，而资本作为劳动的主人，转而对劳动者进行贪得无厌的剥削。劳动被榨挤得越多，则资本的实力越雄厚；而资本的实力越雄厚，劳动者则被榨挤得一无所有，直至饿死。这就是资本主义制度下的"异化劳动"。后来，马克思用"雇佣劳动"替代了"异化劳动"这个概念。

这是一个荒谬绝伦的矛盾：劳动者——财富的创造者、资本的哺乳者，不但不能享受财富，驾驭资本，相反地他自己也被插上标签,带入市场,与牛羊同伍,称斤论两地待价而沽。所以马克思指出,即使资产阶级经济学家也已承认:"工人完全和一匹马一样,只应得到维持劳动所必需的东西";"把工人只当作劳动的动物,当作仅仅有最必要的肉体需要的牲畜"(《马克思恩格斯全集》第42卷,第56、57页)。工人从政治经济学的意义上来讲,已不复成其为人,而沦为动物,但他甚至还不能取得动物的那种生存条件。因为他如果找不到买主的话,"就要沦为乞丐或者饿死"。因此,"工人成了商品,如果他能找到买主,那就是他的幸运了"(《马克思恩格斯全集》第42卷,第49页)。但这是一种什么样的"幸运"呢?那只不过是得到一份和维持牲畜生存相符的工资,以免饿死。使某些工人免于饿死,也不是出于资本家的慈悲,而是为了他能继续剥削工人。

因此,"异化劳动"是对劳动者的背叛,它不但没有温顺地竭其所有来孝敬自己的母亲,反而对自己的母亲百般地加以凌辱。是可忍,孰不可忍?劳动者必须联合起来,以其人之道还治其人之身,对劳动的掠夺者实行剥夺。这就是说,异化劳动是劳动的否定形态,它必须再被否定。详细一点讲,作为人类本质的劳动,异化为雇佣劳动,这是一种强迫劳动,戕害劳动者的生存,使其不成其为人而沦为牛马的劳动。在私有制下,劳动却像鼠疫一样为人所厌弃。这种异化劳动必然也要被克服,要被否定,即为创造性的劳动、作为人类生活第一需要的劳动所克服所否定。

这就是说:劳动的创造使人从生物学意义上脱离了动物界;劳动的异化使人从政治经济学的意义上重新变成了动物;消灭私有制,实现创造性劳动从而否定了异化劳动,达到劳动复归,这样使人无论从自然属性方面和社会属性方面都能真正成其为人了。于是,马克思得出了"劳动的创造—劳动的异化—劳动的复归"这一公式。马克思的这个科学的辩证公式,经常受到资产阶级的歪曲。他们把劳动的复归抽象地说成所谓"人性复归"。其实这个公式的实质指的是："无阶级—阶级分化—阶级消灭"。而资产阶级的学术仆从们却将它归结为"永恒人性—人性异化—人性复归"的抽象公式，他们认为所谓"永恒人性"乃是不受任何社会关系制约的"个性"，而社会对于个人的任何制约都是"人性的异化"，人们必须摆脱任何社会关系的制约求得彻底的个性解放，才能克服"人性的异化"达到"人性的复归"。这样一来，他们这个抽象公式的实际内容便是："无任何社会关系制约的'人'—作为社会关系总和的人—摆脱任何社会关系的'人'"。

我们知道，通过劳动从猿到人，完成了从动物到人的飞跃。人之所以有别于动物的重要标志之一是：原始人一开始就处于原始公社的社会关系之中，以后人类社会的发展，只是社会关系的变更，而不是社会关系的脱离。如果人一旦脱离其社会关系，就不为人而复归于禽兽了。因此，上述"公式"竟成为这样了："兽—人—兽"。

1845年恩格斯就曾讽刺过那些满嘴"人性"的德国"绝对的社会主义者"，说他们乐于称道的所谓人性的"实现"，"宁可说是兽性的'实现'"。(《马克思恩格斯全集》第2卷，第659页) 由此可见，马克思、恩格斯关于异化、人性的观点与资产阶级的观点是有原则区别的。

"劳动的创造—劳动的异化—劳动的复归"，这是马克思运用否定性辩证法于劳动分析的一个范例。我们从马克思在研究经济学时所显示的辩证思维的卓越才能中，可以学习到活生生的辩证法，而不是僵化公式与教条集成。

马克思单独论述辩证方法的篇章不多，因此，我们只能从其历史与经济著作中学习如何进行辩证思维。不过，他在评论蒲鲁东的著作中以及《资本论》序言中，也有一些专门谈方法的章节。这些章节是应该注意的。

马克思从现实出发，分析了黑格尔"绝对方法"的实质。黑格尔曾经这样说过：方法是任何事物所不能抗拒的一种绝对的、唯一的、最高的、无限的力量；是理性企图在每一个事物中发现和认识自己的意向。这就是说：方法的本质是理性，而理性指的是一种辩证思维作用。辩证思维的表现，就是所谓绝对方法。这种辩证思维的力量是无限的，它贯穿于每一个事物中，从事物之中找到自己，即从客观事物之中找到自己的映象与行踪。因此，绝对方法就是唯心的思辨辩证法，它是"绝对"支配事物的灵魂。这当然是在方法论上一种唯心主义的颠倒。

马克思指出：黑格尔这种思辨辩证法的实质是："因为无人身的理性在自身之外既没有可以安置自己的地盘，又没有可与自己对置的客体，也没有可与自己结合的主体，所以它只得把自己颠来倒去：安置自己，把自己跟自己对置起来，自相结合——安置、对置、结合。用希腊语来说，这就是：正题、反题、合题。对于不懂黑格尔语言的读者，我们将告诉他们一个神圣的公式：肯定、否定、否定的否定。"（《马克思恩格斯选集》第1卷，第105页）马克思指出：这是一个脱离了个体的纯理性语言，一个没有个体的纯粹普通公式。

因此，这种绝对方法，只是运动的抽象、抽象形态的运动、运动的逻辑公式、纯理性的运动。纯理性又如何运动呢？那就是：当"理性一旦把自己作为正题安置下来，这个正题、这个思想就会自相对置，分为两个互相矛盾的思想，即肯定和否定，'是'和'否'。这两个包含在反题中的对抗因素的斗争，形成辩证运动。'是'转化为'否'，'否'转化为'是'。'是'同时成为'是'和'否'，

'否'同时成为'否'和'是'。对立面就是通过这种方式互相均衡，互相中和，互相抵消。这两个彼此矛盾的思想的融合，就形成一个新的思想，即它们的合题。这个新的思想又分为两个彼此矛盾的思想，而这两个思想又融合成新的合题。这种增殖过程就构成思想群。同简单的范畴一样，思想群也遵循这个辩证运动，它也有一个与自己矛盾的群作为自己的反题。从这两个思想群中产生出新的思想群，即它们的合题"。"正如从简单范畴的辩证运动中产生群一样，从群的辩证运动中产生系列，从系列的辩证运动中又产生整个体系。"（《马克思恩格斯选集》第1卷，第107页）

上述马克思对黑格尔辩证法实质与内容的概括是极其准确的。当然，黑格尔说的是思想、概念的辩证运动，"其实，他只是根据自己的绝对方法把所有人们头脑中的思想加以系统的改组和排列而已"（《马克思恩格斯选集》第1卷，第108页）。人们头脑里的思想绝不是主观自生的，而是客观存在物、客观运动的抽象。马克思指出："一切生活在地上和水中的东西经过抽象都可以归结为逻辑范畴，因而整个现实世界都淹没在抽象世界之中，即淹没在逻辑范畴的世界之中"，而"一切存在物，一切生活在地上和水中的东西，只是由于某种运动才得以存在、生活。例如，历史的运动创造了社会关系，工业的运动给我们提供了工业产品，等等"。（《马克思恩格斯选集》第1卷，第106页）因此，从马克思的观点看来，客观存在、客观运动产生了人们头脑里的思想、概念；人们头脑里的思想、概念的外化、移植才成为黑格尔的那个"无人身的理性"、"无头脑的概念"。而绝对理念的"外化、移植"等则是黑格尔的颠倒与虚构。

马克思对辩证运动做了极其简洁的总结："两个相互矛盾（按：正与反）方面的共存、斗争以及融合成一个新范畴（按：合），就是辩证运动的实质。"（《马克思恩格斯选集》第1卷，第111页）这里，重要的是对这个实质要作唯物的理解。

马克思说,他的辩证方法和黑格尔截然相反。在黑格尔看来,思维过程,即他称为理念甚至把它变成独立主体的思维过程,是现实事物的创造主,而现实事物只是思维过程的外部表现。而马克思则认为,理念的东西不外乎是移入人的头脑并在人的头脑中改造过的物质的东西而已。因此,在黑格尔那里,辩证法是倒立着的。但这绝不妨碍他第一个全面地有意识地叙述了辩证法的一般形式。马克思认为必须把它倒过来,以便发现神秘外壳中的合理的核。

马克思关于辩证运动实质的揭示,便是黑格尔辩证法的"合理的核"。它既包含了以正、反、合形式表达的否定之否定的内容,又体现了对立统一的思想。这个"合理的核"对马克思的唯物辩证法同样是根本的。

马克思在《资本论》中所运用的从具体到抽象又复归于具体的方法,即"具体—抽象—具体"的方法,就是他的唯物辩证法。这个方法被俄国人考夫曼如此恰当地表述了出来,马克思说,这正是他的辩证方法。

马克思研究的出发点不是观念,而是外部现象。这就是说:从具体出发。但是,这种具体只是感性的,只有经验杂多性,而无科学真理性。因此,认识与研究不能停留在这种感性具体之上,而必须扬弃事物的感性外观,深入掌握其内在本质。在马克思看来,重要的在于发现现象的规律,特别是这些现象变化发展的规律,即它们由一种形式过渡到另一种形式、由一种联系秩序过渡到另一种联系秩序的规律。这些规律不仅不以人的意志、意识和意图为转移,反而决定人的意志、意识和意图。这就是健康理智的抽象过程或知性分析过程。它的成果是:概念与规律的发现。

概念与规律相对于它们所反映的存在物及其客观联系来讲是抽象的。但是，无论科学或哲学都是一个有客观根据的概念系统，并不是一个主观自生的或绝对精神自身推演的理念系统。说它有客观根据，并不是说它就等于客观，而是说它乃客观的反映，因而它是间接的、抽象的。但是科学与哲学之成为真理，又不能停留在知性抽象理论阶段。马克思强调抽象必须复归于具体。他反对概念与规律永恒不变的观点，即一般规律不管是应用于现在或过去都是一样的，他认为这样的抽象规律是不存在的。概念与规律总是具体的。人类思维的辩证发展趋向于具体的东西，如果真理不是以具体的东西作为它的出发点及内容，而是抽象的思辨，就不能认为是真的。

概念与规律，即一个概念理论系统的具体性，表现为它的客观历史性和辩证综合性。它以客观现实世界作为它的物质基础，既反映客观事物的本质与发展，又有其自身发展变化的历史进程。因此，它绝不是抽象思维的主观构造。

通过知性抽象分析、理性辩证综合而达到的"复归的具体性"，不同于"起点的具体性"。这就是说，我们的认识不停留在感性的具体物上，而必须进行理智的反省，从事抽象的论证，从而达到思想上的正确性。这种思想上的正确性，即逻辑上的前后一贯性，由于尚未经过实践的检验，因而还是抽象的，不能认为是真的。复归的具体性不同于起点的具体性，它首先通过知性抽象扬弃了感性具体的偶然性，然后又通过理性辩证综合扬弃知性分析的抽象性，从而达到了必然性与现实性的统一。

马克思又指出："具体之所以具体，因为它是许多规定的综合，因而是多样性的统一。因此它在思维中表现为综合的过程，表现为结果，而不是表现为起点，虽说它是现实中的起点，因而也是直观和表象的起点。在第一条道路上，完整的表象蒸发为抽象的规定；

在第二条道路上，抽象的规定在思维行程中导致具体的再现。"（《马克思恩格斯选集》第 2 卷，第 103 页）马克思说：这种"具体—抽象—具体"的方法，"显然是科学上正确的方法"（同上）。而这种方法究其实质正是"肯定，否定，否定之否定复归于肯定"的唯物的否定性辩证法。

马克思曾经赞许维也纳的工厂主迈尔先生的下述观点："被认为是德国世袭财产的卓越的理论思维能力，已在德国的所谓有教养的阶级中完全消失了，但在德国工人阶级中复活了。"（《马克思恩格斯全集》第 23 卷，第 15 页）所谓卓越的理论思维能力，就是辩证思维能力，如果说它在有教养的阶级那里，例如在资产阶级哲学家黑格尔那里，还蒙上了一层唯心的神秘的色彩，那么到了工人阶级手里，通过他们的卓越领袖马克思、恩格斯等，它就取得了合理的科学形态。

因此，马克思辩证法的产生与工人阶级作为一支独立的政治力量走上历史舞台是密切联系的。马克思说："辩证法，在其合理形态上，引起资产阶级及其夸夸其谈的代言人的恼怒和恐怖，因为辩证法在对现存事物的肯定的理解中同时包含对现存事物的否定的理解，即对现存事物的必然灭亡的理解；辩证法对每一种既成的形式都是从不断运动中，因而也是从它的暂时性方面去理解；辩证法不崇拜任何东西，按其本质来说，它是批判的和革命的。"（《马克思恩格斯全集》第 23 卷，第 24 页）

马克思关于辩证法的阶级倾向、历史分析与逻辑论证，难道是可以随意修正与阉割的吗？上述马克思这段脍炙人口的名言是对唯物辩证法基本精神的最好概括。我们三十多年来不知反复引用过多少遍，但正如芝诺曾经讲过的，一句话讲一次与讲一百次是一样的，这里用得上布尔的公式："a + a = a"。我们不能老停留在这一水平上，有必要进一步理解马克思辩证法的精髓，深入展开其中所包含的无比丰富的理论内容。

那么，如何学习与进一步理解马克思的辩证法呢？恩格斯指出，马克思的功绩就在于："第一个把已经被遗忘的辩证方法、它和黑格尔辩证法的联系以及它和黑格尔辩证法的差别重新提到显著的地位，并且同时在《资本论》中把这个方法应用到一种经验科学的事实，即政治经济学的事实上去。他获得了很大的成功，甚至德国的现代经济学派只有借口批判马克思而抄他一点东西（常常抄错了），才可以超过庸俗的自由贸易派。"（《马克思恩格斯全集》第20卷，第387页）这就是说：首先，必须研究黑格尔辩证法从而找出马克思辩证法与它的联系及差别；其次，必须认真地研究《资本论》中的辩证法问题，列宁正是在这一点上强调："不钻研和不理解黑格尔的**全部**逻辑学，就不能完全理解马克思的《资本论》，特别是它的第1章"（《哲学笔记》，第191页）。这指的是两者的密切联系；而且列宁又曾讲过，马克思没有给我们留下专门的逻辑著作，而《资本论》就是他的逻辑学，这指的是黑格尔与马克思辩证法的差别。不经过这样一番历史的对比研究，是难以真正彻底地理解马克思辩证法的。

二十五　深入迷宫　将军探宝
—— 恩格斯对唯物辩证法的贡献

恩格斯（1820—1895）实际上成了马克思家庭中一个不可缺少的成员。他不但以其自我牺牲去从事似极感厌烦的商业活动，以便在经济上接济马克思一家。更重要的是，他四十年如一日地甘当马克思的科学与革命活动的助手。这完全不是由于他的平庸无奇，而是由于他的谦逊伟大。

马克思的子女们特别喜欢这位大胡子叔叔。那魁伟的身材、庄严的仪表、缜密的思考、奔放的热情、渊博的知识赢得了孩子们由衷的敬爱。她们亲昵地称呼他为"将军"。将军确实从事过军事的实践与理论活动，他遗留给我们的军事著作，同样是马克思主义理论的宝贵财富。

将军结结巴巴能讲二十几种外国语言，这就极大地开拓了他的知识领域；而且他还在伦敦从事过多年的自然科学探讨，经过了所谓"脱毛之变"。这就使他能够在哲学领域内，对马克思的理论工作做若干独立的创造。但是他本人仍然坚持说，没有他，这些工作马克思自己也是可以完成的。

从事哲学研究，需要比较全面的知识，需要高度的辩证综合能力。有渊博的知识基础才不至于"空"；有辩证的综合能力，才不至于"拙"。恩格斯是一个二者兼备的哲学能手。他的《反杜林论》哲学篇、《路德维希·费尔巴哈和德国古典哲学的终结》以及身后出版的有关自然辩证法的手稿等等,是有关马克思主义辩证法的极其重要的著作。

恩格斯说:"马克思和我,可以说是从德国唯心主义哲学中拯救了自觉的辩证法并且把它转为唯物主义的自然观和历史观的唯一的人。可是要确立辩证的同时又是唯物主义的自然观,需要具备数学和自然科学的知识。"(《马克思恩格斯全集》第20卷,第13页)马克思和恩格斯在自然科学和数学方面的知识是丰富的,他们从辩证方法来掌握与概括当时的科学成就,是一般科学家所不能相比拟的。

恩格斯认为他所坚信的辩证法真理,在自然科学与数学中也得到了确证。他说:"在自然界里,同样的辩证法的运动规律在无数错综复杂的变化中发生作用,正像在历史上这些规律支配着似乎是偶然的事变一样;这些规律也同样地贯穿于人类思维的发展史中,它们逐渐被思维着的人所意识到;这些规律最初是由黑格尔全面地、可是以神秘的形式阐发的,而剥去它们的神秘形式,并从它们的全部的单纯性和普遍性上把它们清楚地表达出来,这就是我们的目的。"(《马克思恩格斯全集》第20卷,第13—14页)

恩格斯摒弃了绝对精神的辩证进展而外化为自然的唯心主义观点,他说,"对我来说,事情不在于把辩证法的规律从外部注入自然界,而在于从自然界中找出这些规律并从自然界里加以阐发。"(《马克思恩格斯全集》第20卷,第15页)

恩格斯说:"当我们深思熟虑地考察自然界或人类历史或我们自己的精神活动的时候,首先呈现在我们眼前的,是一幅由种种联系和相互作用无穷无尽地交织起来的画面,其中没有任何东西是不动

的和不变的，而是一切都在运动、变化、产生和消失。"（《马克思恩格斯全集》第20卷，第23页）

古希腊哲学的世界观正确地把握了现象生灭交替的总画面的一般性质，但是却不足以说明构成这幅总画面的各个细节；而我们要是不知道这些细节，就看不清总画面。关于这些细节的研究是自然与历史各门特殊科学的任务。这些特殊科学的发展，客观上就割裂了世界的总的联系，从而给我们留下了一种习惯："把自然界的事物和过程孤立起来，撇开广泛的总的联系去进行考察，因此就不是把它们看作运动的东西，而是看作静止的东西；不是看作本质上变化着的东西，而是看作永恒不变的东西；不是看作活的东西，而是看作死的东西。"（《马克思恩格斯全集》第20卷，第24页）于是，人们在绝对不相容的对立中思维，从而否定了相互联系、运动变化的辩证观点。

但是对立必须复归于统一，那种孤立静止观察事物的形而上学观点必然要被扬弃，自然的发展、历史的发展、科学的发展逃避不了辩证的综合。于是，现代辩证法在扬弃了形而上学观点之后，恢复了辩证法这一最高的思维形式。

恩格斯总结了辩证思维历史发展的圆圈：古代的辩证方法—形而上学方法—现代的辩证方法。这是辩证思维自身的辩证运动，否定之否定的前进运动。

做了这一番历史考察之后，恩格斯指出："辩证法在考察事物及其在头脑中的反映时，本质上是从它们的联系、它们的连结、它们的运动、它们的产生和消失方面去考察的。自然界是检验辩证法的试金石，而且我们必须说，现代自然科学为这种检验提供了极其丰富的、与日俱增的材料，并从而证明了，自然界的一切归根到底是辩证地而不是形而上学地发生的。"（《马克思恩格斯全集》第20卷，

第 25 页）

上述恩格斯关于辩证法实质的论述，首要的是"联系"问题，因此，有时候恩格斯将辩证法简要地规定为：关于普遍联系的科学。

"普遍联系"的提出是有针对性的。文艺复兴以后由于实证科学的发展，特别是机械力学的带头地位，使那种孤立分割的机械观点深深地打入了人们的思想之中，这样就使得人们只见树木，不见森林。那总的图景消失了，相互联系也没有了，人们眼前呈现的是一个一个的事物，它们都是孤立静止的、各不相涉的。

这种思维方法在特定条件下、局部范围内，有其存在的理由，但它破坏了事物的整体性以及内在联系的本质，因此，不能达到真理性的认识。例如，生与死，在日常生活范围内是界限分明的，一个人咽了气，心脏停止跳动的时刻，就是从生到死的时刻。但是，"生理学证明，死不是突然的、一瞬间的事情，而是一个很长的过程。同样，任何一个有机体，在每一瞬间都是它本身，又不是它本身；在每一瞬间，它同化着外界供给的物质，并排泄出其他物质；在每一瞬间，它的机体中都有细胞在死亡，也有新的细胞在形成；经过或长或短的一段时间，这个机体的物质便完全更新了，由其他物质的原子代替了，所以每个有机体永远是它本身，同时又是别的东西。"（《马克思恩格斯全集》第 20 卷，第 25 页）因此，从辩证法普遍联系、运动变化的观点看来，生死界限又不是那样分明的。现代科学证明了辩证法不是人的头脑强加给自然界的，而是自然界所固有的。问题在：如何找出这种联系与变化的规律。

恩格斯极其明确地概述了马克思在《资本论》中所遵循的思想进程，并且集中了马克思所使用的整整一系列辩证的说法："按本性说是对抗的、包含着矛盾的过程，每个极端向它的反面的转化，最后，作为整个过程的核心的否定的否定。"（《马克思恩格斯全集》

第 20 卷，第 153 页）这就是恩格斯根据马克思的思想进程及一系列辩证的说法所做出的关于唯物辩证法的理论内容的经典概括。这一概括可以视为辩证法的总规律。这个总规律是从自然界和人类社会的历史中抽象出来的。它不是别的，正是历史发展的这两个方面和思维本身的最一般的规律。（参阅《马克思恩格斯全集》第 20 卷，第 401 页）

恩格斯将这个最一般的规律归结为三个方面：
（1）量转化为质和质转化为量的规律；
（2）对立的相互渗透的规律；
（3）否定的否定的规律。

恩格斯说："所有这三个规律都曾经被黑格尔以其唯心主义的方式只当作思维规律而加以阐明：第一个规律是在他的《逻辑学》的第一部分即存在论中；第二个规律占据了他的《逻辑学》的整个第二部分，而且是最重要的部分，即本质论；最后，第三个规律是整个体系构成的基本规律。"（《马克思恩格斯全集》第 20 卷，第 401 页）恩格斯认为黑格尔关于辩证法的表述，主要在于作了唯心主义的颠倒，"如果我们把事情顺过来，那末一切都会变得很简单"（同上）。这就是说，它们不是脱离客观的纯思维规律，而是自然与历史的实在的发展规律，而且对于反映客观的思维现象及其产物也是有效的。

恩格斯在《自然辩证法》中只论述了第一个规律，在《反杜林论》中，论述了质与量的问题与否定之否定问题。他没有专门论述"对立的相互渗透"，这倒不是由于疏忽，实际上他是把对立的相互渗透的内容结合到"否定之否定"中加以论述了，因为这样做更方便些、更明白些。恩格斯还特别声明，那时马克思和他还"不能详细地考察这些规律的相互的内部联系"（《马克思恩格斯全集》第 20

卷，第 402 页）。因此，马克思和恩格斯从来认为这些规律之间，不是孤立隔绝的，而是相互之间有其内部联系的。事实证明，如果将这些规律任意排列，孤立分析，就会造成极大的混乱，从而陷入以形而上学方法论述辩证方法的不可克服的矛盾与困境之中，以致在实践中造成了莫大的危害，影响辩证法的声誉。这种情况应该努力避免。

量转化为质和质转化为量，原先是黑格尔的提法。恩格斯认为它不是纯粹思辨性的，而是自然界和历史中的实在的发展规律。他是这样表述这个规律的："在自然界中，质的变化——以对于每一个别场合都是严格地确定的方式进行——只有通过物质或运动（所谓能）的量的增加或减少才能发生。"然后，恩格斯进一步解释道："自然界中一切质的差别，或是基于不同的化学成分，或是基于运动（能）的不同的量或不同的形式，或是——差不多总是这样——同时基于这两者。所以，没有物质或运动的增加或减少，即没有关于物体的量的变化是不可能改变这个物体的质的。因此，在这个形式下，黑格尔的神秘的命题就显得不仅是完全合理的，并且甚至是相当明白的。"（《马克思恩格斯全集》第 20 卷，第 402 页）

恩格斯从精确科学中，特别是化学中举出一些例子，然后指出："无论在生物学中，或在人类社会历史中，这一规律在每一步上都被证实了。"他还强调说："第一次把自然界、社会和思维发展的一般规律以普遍适用的形式表述出来，这始终是具有世界历史意义的勋业。"（《马克思恩格斯全集》第 20 卷，第 407 页）

对立的相互渗透，恩格斯是结合到否定之否定中加以论述的，这是合理的。这样做，既避免了论述上的重复与困难，又体现了二者不可分割的"内部联系"。必须指出：对立的相互渗透的提法与以后普遍流行的对立统一的提法是有区别的。前者侧重讲辩证的分化，后者侧重讲辩证的融合，其实乃"否定之否定"的另一种表述方法。分化与融合，从辩证法来说，二者是有"相互的内部联系"的。因此，恩格斯突出讲否定之否定这一"基本规律"结合讲对立的相互渗透是完全正确的。

"那么，否定的否定究竟是什么呢？它是一个极其普遍的，因而极其广泛地起作用的，重要的自然、历史和思维的发展规律"（《马克思恩格斯全集》第20卷，第154页）。为了便于理解，恩格斯曾经举了一系列实例来说明这一规律。当然，要想深刻掌握规律的内在实质，绝不能停留在例子上，例子总有其经验性与特殊性的局限，往往使理论的普遍性与必然性受到损害。因此，我们必须认真分析研究规律的逻辑结构与理论内容，切勿以为这不过是"概念的游戏"或"抽象的骨架"而加以摒弃。

关于否定之否定的那个众所周知的大麦粒的例子：麦粒种植生长，为植株所否定，植株扬花结实又为麦粒所否定。新麦粒仿佛是向起点复归，但数量与质量都有不同程度的增长与变化。蝴蝶等昆虫的生灭也可以作如是观。

全部地质学所探讨的岩层的变化也是一个被否定了的否定系列，是一个旧岩层不断毁坏和新岩层不断形成的系列。所以，恩格斯指出："否定的否定**真实地发生**于有机界的两大界中"，在无机界也是如此（《马克思恩格斯全集》第20卷，第149页）。

在数学这样一门关于数量与形式的抽象科学中也是如此。变数数学、微积分等高等数学中，否定之否定表现的典型性就不说了。就是普通代数里，也有明显的否定之否定过程。例如，"a"如果加以否定便得到"-a"。如果将"-a"再加以否定，即以$(-a) \times (-a)$，则得到a^2。即复归于正数，"正—负—正"。但是这个复归的正数，却进入二次幂阶段。那个被否定了的否定,却如此牢固地存在于 (a^2) 之中,使得 (a^2) 在任何情况下都有两个平方根,即 (a) 和 $(-a)$。要想摆脱平方中所包含的负根,即摆脱被否定了的否定,是不可能的。

至于社会科学方面的例子,恩格斯引用了马克思在《资本论》中有名的关于生产方式的辩证分析:从资本主义生产方式产生了资本主义占有方式,即资本主义私有制,它是对个人的、以自己劳动为基础的私有制的第一个否定。但资本主义生产由于自然过程的必然性,即不以任何资产阶级个人的主观意志为转移、他们越是拼命发展资本主义生产、强化资本主义剥削,建立他们的永恒王国,其结果,恰好事与愿违,这个制度本身内部产生的否定其自身的因素便日益增长,生产的社会化、工人的贫困化造成了对自身的否定。这就是否定之否定。这种否定不是重建私有制,而是在资本主义社会已经取得的成就的基础上,建立协作及靠劳动本身生产的生产资料的共同占有制。并在这一制度的基础上,建立个人所有制。简言之,即在生产资料公有制的基础上,建立消费资料的个人所有制。因此,共产主义并不是"共"得你一无所有,而是以高度社会化的现代化的生产,保证社会财富稳定而迅速地增长,社会福利相应地日益扩大其规模、提高其水平,从而充分保证个人所有免遭破坏。

恩格斯还说,甚至在黑格尔以前,卢梭的平等说也贯穿了否定之否定精神。卢梭在自己的著作最初的阐述中,几乎是堂而皇之地把自己的辩证起源的印记展示出来。关于这一点,本书在前面已经介绍过了。

最后,恩格斯还以哲学自身的发展为例。古希腊罗马哲学是原始的自发的唯物主义。由于它不能彻底了解思维与物质的关系,因而被唯心主义所否定了。但是，在哲学进一步发展中，唯心主义又为现代唯物主义所否定。现代唯物主义，作为否定之否定的辩证综合阶段，不是单纯地恢复旧唯物主义，而是把两千年来哲学和自然科学发展的全部思想内容，以及这两千年的历史本身的全部思想内容加到旧唯物主义的永久性的基础上。（参阅《马克思恩格斯全集》第20卷，第142—156页）

例子可以帮助我们理解辩证法的规律，但它们并不是规律的理论内容。因此，要想深入地准确地理解辩证法，还得不怕枯燥与艰难，认真进行一些理论与概念的分析。

否定、对立、矛盾，在辩证法中都是可以相通的。恩格斯曾经讲过：如果一个事物具有对立，那么它就同自身处在矛盾中，例如一个事物是它自身，同时又在不断变化，它本身有不变和变的对立，这就是矛盾。至于对立的形成、对立的斗争关键又在于"否定"。即事物因其内部产生了否定其自身的因素，于是形成对立；对立的斗争，构成矛盾。因此，否定性是辩证法的灵魂。

现在的问题是：这究竟是一种什么样的否定？恩格斯指出："现在也出现了一种恶劣的、没有结果的否定。……这种没有结果的否定是纯粹主观的、个人的否定，它不是事物本身的一个发展阶段，而是由外部硬加进去的**意见**。由于从这种否定中不能得出任何结果，所以做这种否定的人就必然与世界不和，必然要放肆地非难现存的和以往的一切，非难整个历史发展。"（《马克思恩格斯全集》第20卷，第673—674页）恩格斯反对这种外在的主观的否定，它必然归结为"否定一切"、"打倒一切"的自然与历史的虚无主义、无政府主义。这种所谓否定观与马克思辩证法不但毫无共同之处，而且处于尖锐对抗的地步。

辩证的否定与此恰好相反，它乃是事物自身发展的一个阶段，一个过渡环节。正如恩格斯所说的："真正的、自然的、历史的和辩证的否定正是一切发展的推动力。"(《马克思恩格斯全集》第20卷，第673页）所以只有抓住"否定"，才算抓住了辩证法的根本。

恩格斯说："在辩证法中，否定不是简单地说不或宣布某一事物不存在，或用任何一种方法把它消灭。斯宾诺莎早已说过：Omnis determinatio est negatio，即任何的限制或规定同时就是否定。再说，否定的方式在这里首先取决于过程的一般性质，其次取决于过程的特殊性质。我们不仅应当否定，而且还应当重新扬弃这个否定。因此，我做第一个否定的时候，就必须做得使第二个否定可能发生或者将有可能发生。"(《马克思恩格斯全集》第20卷，第154—155页）恩格斯关于辩证否定的论述真是明白而透彻极了。第一，他区别了形式逻辑的否定与辩证方法的否定，前者是消灭，后者是扬弃；第二，他指出，否定就是界限或规定，这个意思切近的根据是斯宾诺莎，追溯到古代，乃来源于赫拉克利特的"界限的破与立的统一"的观点；第三，否定的方式必须从过程性质的"一般与特殊的统一"上来决定；第四，两度否定构成一个全过程，它形成过程发展与推移的环节，而不是将过程划分为几段，将其孤立隔绝起来。

因此，辩证否定不是绝对否定，这个否定恰好是肯定。那自相矛盾的东西，并不消解为零，消解为虚无。相反，各类事物因其特点而具备不同的否定形式，经过这样的否定，它同时就获得发展。这种辩证否定，不但客观事物是如此，对每一种观念或概念也是如此。

总之，这个辩证的否定和否定之否定规律，深刻揭示了从旧到新、从新到旧转化过渡的界限，发现了事物内在的借以获得发展的推动力。因此，它可以看作就是辩证法的全体。恩格斯指出："这个规律在自然界和历史中起着作用，而在它被认识以前，它也在我们头脑中不自觉地起着作用；这个规律只是被黑格尔第一次明确地表述出来而已。"（《马克思恩格斯全集》第20卷，第155页）

最后，恩格斯对马克思和他创立的唯物辩证法或辩证唯物论，做了一个极为简明的概括："一个伟大的基本思想，即认为世界不是既成**事物**的复合体，而是各种**过程**的复合体，在这个复合体中，事物以及它们在人们头脑中的思想映象，即概念，表面上好象都是一成不变的，其实都处于生灭交替的不断变化之中，而且，在这个复合体中，不管有任何表面上的偶然性以及暂时的倒退，一种前进的发展却使它自己贯彻始终。"（《路德维希·费尔巴哈和德国古典哲学的终结》，第34—35页。译文参考德英文本略有变动）恩格斯这一段话的内容是异常丰富的，可以说是马克思主义哲学和辩证法的高度结晶的陈述。

恩格斯首先指出，现代唯物主义即辩证唯物主义，综合了自然科学的最新成就，从而指出自然界也有自己时间上的历史；而所谓历史，不过是发展的过程，我们的任务就在于发现这种过程的运动规律。这两个方面就其本质来说，都是辩证的。这样就把唯物主义与辩证法有机结合起来了。

其次，恩格斯论述了世界的过程性以及"过程"发展的前进性质。客观事物不是一些孤立的既成事物，而是一个"过程"，而整个世界不过是过程的复合体。世界的过程性便是辩证法"肯定—否定—肯定"的圆圈形逻辑结构的客观物质根据。世界过程的发展，就其总体来看，是前进的上升的。世界的发展总是由低级到高级、由简单到复杂。例如，事物由机械运动向思维运动发展，由原始社会向共产主义社会发展。发展是前进的，但道路又不是笔直的。它必然经历一切迂回曲折，暂时倒退，开辟自己前进的道路。因此，在自然界中，虽然总的趋势是进化，但也可以是退化，或者进化往往伴随着退化。例如，人直立行走，手脑进化了，但尾巴退化了。所以有机物发展中的每一进化同时又是退化，因为它巩固一个方面的发展，从而排除其他许多方面发展的可能性。因此，对前进性质也应辩证地加以理解，这就是说，绝不能认为事物的发展是直线的，任何时刻的每一变动都是上升的前进的。事实上是上升之中有下降，前进之中有倒退。

恩格斯关于事物辩证发展过程的分析，乃是对世界发展的全貌、全过程的描述。这个全貌、全过程就是：**"否定之否定"**。

马克思和恩格斯对于唯物的否定性辩证法的创造，主要是由于他们的科学与革命的实践，以及他们个人的惊人的才能。但是，还有一点是他们对历史上的思想资料，特别是黑格尔哲学思想资料的批判地吸收。

1874年9月21日恩格斯给马克思的一封信中写道：他有感于一些自然科学家完全没有辩证思维的能力，完全不能理解黑格尔哲学，并且为黑格尔提出的难题而大伤脑筋，而他倒认为黑格尔哲学是真正的宝藏。因此，他排除了各种干扰之后，重新投入辩证法的研究。他重点研究的是黑格尔的《逻辑学》。"深入迷宫，将军探宝！"他发觉大逻辑触及事物的本质要深刻得多，自然科学家有限的智力却只能利用它的个别地方。而小逻辑中的论述似乎是专为这些人写的，例证大都取自自然科学并极有说服力，此外由于论述比较通俗，因而唯心主义较少。由此看来，马克思和恩格斯都是十分推崇黑格尔的，而且认为将黑格尔的辩证方法加以唯物地改造之后，对于科学

家是不可缺少的。（参阅《马克思恩格斯全集》第33卷，第126—127页）

由于马克思和恩格斯的天才与勤奋，我们可以免于在黑格尔体系的迷宫中摸索了，我们可以在他们的指引下，深入迷宫探宝了。

列宁，就是马克思和恩格斯以后最杰出的探宝者。

二十六 伯尔尼攻关
—— 列宁对唯物辩证法的探索

十月革命前,1914—1916 年间,侨居在瑞士伯尔尼的列宁,除与国内取得密切联系,紧张地进行起义的准备活动外,他还像一个攻读博士学位的研究生一样,在伯尔尼图书馆认真地大量阅读看来与革命无关的哲学与科学著作。他摘抄、积累资料接近四百页(据中译本估计)。他阅读了黑格尔的大逻辑、小逻辑、哲学史、历史哲学等;费尔巴哈关于莱布尼茨的论述;以及大量评论黑格尔的专著和自然哲学、自然科学、科技史方面的书籍。在此以前,他还阅读了马克思和恩格斯的《神圣家族》、费尔巴哈的《宗教本质讲演录》等哲学、科学著作。他阅读的速度是罕见的,而理解的深刻、评论的犀利是惊人的。在这大量的评述中,最重要的是关于黑格尔《逻辑学》一书的摘要。他参照小逻辑,主要是阅读大逻辑,即恩格斯认为自然科学家的有限智力难于领会的那本书。这是一场真正的攻关战,他的大胆的精彩的评注,是我们深入黑格尔体系迷宫的更加具体的路标。

列宁完全同意马克思和恩格斯的估价,他说:"马克思和恩格斯认为,黑格尔辩证法这个最全面、最富有内容、最深刻的发展学说,是德国古典哲学的最大成果。他们认为,其他一切关于发展原理、进化原理的说法，都是片面的、内容贫乏的，都是把自然界和社会的实际发展过程（往往伴有飞跃、剧变和革命）弄得残缺不全。"（《列宁选集》第2卷，第583页）因此，列宁指出："黑格尔本人虽然崇拜普鲁士专制国家，并担任柏林大学教授来为这个国家服务，但是黑格尔的**学说**是革命的。黑格尔对于人类理智及其权利的信念，以及他的哲学的基本原理，即认为世界是经常变化着发展着的过程的原理，使这位柏林哲学家的那些不愿与现实调和的学生得出了一种想法，认为反对现状、反对现存的不公平现象和流行罪恶的斗争，也是基于世界永恒发展规律的。"（《列宁选集》第1卷，第88页）列宁同马克思、恩格斯一样，明确指出了黑格尔的政治保守性，但也毫不含糊地肯定了他的学说的革命性以及对革命者的深刻影响。列宁同意恩格斯的意见：恩格斯概括的那个关于马克思主义的"伟大的基本的思想"（同上），从黑格尔以来，已经如此深入一般人的意识，以致它在这种一般形式中未必会遭到反对了。

列宁说："现时，发展观念，进化观念，几乎完全深入社会的意识，但不是通过黑格尔哲学，而是通过另外的道路。可是，马克思和恩格斯依据黑格尔哲学所表述的这个观念，要比流行的进化观念全面得多，内容丰富得多。"（《列宁选集》第2卷，第584页）显然，列宁是同意马克思和恩格斯对发展观念的规定的。

列宁说："发展似乎是重复以往的阶段，但那是另一种重复，是在更高基础上的重复（'否定的否定'），发展是按所谓螺旋式而不是按直线式进行的；发展是飞跃式的、剧变的、革命的；'渐进过程的中断'；量到质的转化；对某一物体或在某一现象范围内或在某个社会内部发生作用的各种力量和趋势的矛盾或冲突造成发展的内因；每种现象的**一切**方面（而历史不断揭示出新的方面），都是互相依存的，彼此有极其密切而不可分割的联系，形成统一的、有规律的世界运动过程——这就是辩证法这一内容更丰富的（比通常的）发展学说的几个特点。"（《列宁选集》第2卷，第584页）列宁在这里认为辩证法的发展观比流行的进化观念全面、丰富、深刻之处，主要在于提出了以否定之否定为基本特征的发展学说。列宁还生怕别人抓不住这一要义，要人参看马克思1868年1月8日给恩格斯的信。在这封信中，马克思嘲笑杜林说："他把我跟施泰因相提并论，因为我是搞辩证法的，而施泰因则是通过以某些黑格尔范畴为外壳的死板的三分法，把各色各样的渣滓毫无意义的堆积起来。"（《马克思恩格斯全集》第32卷，第9—10页）马克思是坚持"否定之否定"的，但反对那种实质上是形而上学的死板的三分法，这种三分法是外在的不相干的东西的机械拼凑，与真正的辩证法是根本相反的。列宁重视马克思的这封信，主要是说明他坚持的是马克思以否定之否定为特征的辩证法，与那种死板的三分法毫无共同之处。

列宁告诉我们说："我总是竭力用唯物主义观点来读黑格尔的著作：黑格尔学说是倒置过来的唯物主义（恩格斯的说法）——就是说，我大抵抛弃神、绝对、纯粹观念等等。"（《哲学笔记》，第104页）这样一来，黑格尔体系中的合理内容就井然呈现于我们面前了。

列宁认为，辩证法、逻辑学和认识论应当从全部自然生活和精神生活的发展中引申出来。因此，"逻辑不是关于思维的外在形式的学说，而是关于'一切物质的、自然的和精神的事物'的发展规律的学说，即关于世界的全部具体内容及对它的认识的发展规律的学说，即对世界的认识的**历史**的总计、总和、结论"（《哲学笔记》，第89—90页）。列宁在这里提出了辩证法的唯物原则；辩证法、逻辑学和认识论一致的原则；辩证法对世界综合性的真理性认识的原则。这些原则的深入研究和进一步展开，将大大提高辩证法的科学水平。

那么，这样一种辩证法的特征和本质是什么呢？同马克思、恩格斯一样，列宁也认定是："否定。"他说："辩证法的特征的和本质的东西并不是单纯的否定，并不是徒然的否定，**并不是怀疑的**否定、动摇、疑惑（当然，辩证法自身包含着否定的因素，并且这是它的最重要的因素），并不是这些，而是作为联系环节、作为发展环节的否定，是保持肯定的东西的、即没有任何动摇、没有任何折衷的否定。"（《哲学笔记》，第244页）因此，否定，绝不是绝对的消极的，而是发展的肯定的。列宁曾经更加深刻而生动地描述这种辩证的否定性道："只有那上升到矛盾顶峰的多样性在相互关系中才是活动的（regsam）和活生生的——才能获得那作为**自己运动和生命力的内部搏动**的否定性。"（《哲学笔记》，第149页）因此，这个否定性是一切活动的内在泉源、是生命和精神的自己运动的内在泉源，是辩证法的灵魂。列宁认为，这是"辩证法的精华"之所在（《哲学笔记》，第246页）。

列宁抓住了辩证法这一根本之点以后，在分析评论黑格尔辩证法的基础上，进一步对辩证法诸要素进行了概括并做了唯物主义的说明。他将辩证法的要素组分为十六点，我们可以将这十六点概括为三个方面：

第一方面，唯物辩证法认为应当从事物的关系和它的发展去观察事物本身。这是关于辩证法的立足点和出发点的问题，是唯物辩证法和唯心辩证法的根本区别之所在。唯心辩证法把与客观事物完全无关、甚至与人的头脑也毫无关系的所谓独立自在的概念、精神作为辩证法的立足点与出发点。唯物辩证法则与此相反，它强调"观察的客观性"。所谓客观性，不是列举现象，而是观察客观事物本身。如何观察客观事物本身呢？一个事物孤立起来是不可理解的。它总是处于和其他事物的多种多样的关系之中，因此，必须在它的全部关系的总和之中加以观察和分析才能正确了解其全貌，以及其各个环节在全过程之中的地位与作用。

除从其总体上观察事物外，还要从其发展中来观察。一个事物也不能静止地理解，它总是处于发展过程之中。它的发展变化，是由于它自身所具备的能动性，即由于它那生命力的内部搏动的否定性所致。

简言之，唯物辩证法要求从事物的全部关系的总和及其发展中观察事物本身，即强调观察事物的"相互联系的观点"、"发展变化的观点"。

第二方面，唯物辩证法强调事物本身中的矛盾性。什么是事物本身中的矛盾性呢？列宁借用了一个黑格尔的术语，即事物本身产生了一个"das Ardere Seiner"（自己的他者）。所谓自己的他者，就是否定其自身的因素，或自己的对立物。因此，否定、对立构成"矛盾性"。矛盾总是内在的。彼此外在地不相干的东西，不能构成否定、对立、矛盾的倾向。桌子与熊猫固然不同，但却是外在地彼此不相干，它们之间无所谓矛盾不矛盾。

否定，正是由于它是事物自身的否定，是客观过程发展过渡的环节，由它而形成的"对立"是内在相关的。这个内在相关的"对立"双方，并不是和平共处的，它们因彼此相互否定、相互排斥、相互斗争而联成一体，相互渗透、相互联系，从而转化过渡、推陈出新。这就是客观辩证运动的理论描述，它就是那活生生的内部搏动的否定性，亦即能动性，或自己运动。

如上所述，对立面因否定、排斥、斗争而联系、渗透、转化。转化意味着除旧更新的过程，它是旧事物消亡、新事物产生的转折点。这个除旧更新的过程，就一个过程而言，是有起有讫的，因而总是有限的；就过程的更迭而言，一个过程接着一个过程，前一过程的终点同时又是后一过程的起点，拿黑格尔的话来讲，叫作"自成起结"，这样看来，过程的推移发展又是无限的。

第三方面，唯物辩证法不单强调分，而且更加重视合。分析和综合必须结合。因此，事物总是经历一个从原始的尚未分化的综合，到两极分化，复归于在更高的基础上的辩证综合的过程。这个过程从起点到终点，如列宁所提示的，"仿佛是向旧东西的回复（否定的否定）"（《哲学笔记》，第239页），但不是旧事物的重演，而是在高级阶段上，以不同的高于低级阶段的量与质，重复起点的某些特征。这是一个"揭露**新**的方面，关系等等的无限过程"，"人对事物、现象、过程等等的认识从现象到本质、从不甚深刻的本质到更深刻的本质的深化的无限过程"。（《哲学笔记》，第239页）

这就是否定之否定的实质，也正是列宁将其作为辩证法的实质、特征、归宿来加以论述的。列宁对辩证法精华的掌握，完全符合马克思与恩格斯的初衷。他也是从黑格尔出发，达到了与马克思、恩格斯一致的结论。

列宁对黑格尔辩证法的要素做了这样一番唯物的改造与说明之后，写了一份他学习辩证法的小结。这就是极为有名的《谈谈辩证法问题》。

列宁在这篇短文中谈了两个问题：第一个是辩证法的实质和特征问题；第二个是认识的圆圈形运动问题。

列宁对辩证思维的发展做了十分扼要的历史考察。他非常注意思维及其形式必然受时代、阶级等条件的制约，认为它们不是从天上掉下来的也不是主观自生的，而有其历史的继承性。这种态度完全是马克思主义的。

他重点研究了赫拉克利特、亚里士多德和黑格尔，探索了他们关于辩证法的基本观点，从而阐明其中所包含的合理因素以及发展变化情况。列宁引用了赫拉克利特的名言，即他认为这个世界过去、现在和未来都是按规律燃烧着、熄灭着的永恒的活火。列宁指出："这是对辩证唯物主义原则的绝妙的说明。"(《哲学笔记》，第395页)

列宁在阅读拉萨尔《爱非斯的晦涩哲人赫拉克利特的哲学》一书时，摘录了拉萨尔引用的斐洛的两段话。(1)"因为统一物是由两个对立面组成的，所以在把它分为两半时，这两个对立面就显露出来了。用古希腊人的话来说，他们的伟大而光荣的赫拉克利特不就是把这个原理作为自己哲学的中心并作为一个新的发现而引以自豪吗？"(2)"正是如此，宇宙中的各个部分都可分为相互对立的两半；地分为高山和平原；水分为淡水和咸水……同样，气候分冬和夏，春和秋。这一切就成为赫拉克利特关于自然界的著作的材料；赫拉克利特从我们的神学家那里借用了对立面的观念，又用许多详细研究过的实例（Belege）阐明了这一观念。"(《哲学笔记》，第396—397页)斐洛是公元前后，犹太—亚历山大哲学家，他论述了赫拉克利特的辩证法，指出"对立面"这一观念的神学根源，又进一步说明赫拉克利特从大量自然现象的两极对立的本性的归纳赋予了"对立面"以全新的科学含义。当然，"分为两半"的措辞是笨拙的，所举例证是表面的肤浅的。

列宁指出：亚里士多德《形而上学》"这本书在开头的地方**坚决**反对赫拉克利特"(《哲学笔记》，第416页)，因为亚里士多德曾经说过："要任何人相信这一点是不可能的，即赫拉克利特说的，把同一事物看成既是又不是。"这表明了亚里士多德从形式逻辑出发，反对赫拉克利特的观点。但是，当亚里士多德分析赫拉克利特那个有名的"涉水"的例子时，即赫拉克利特认为"你不能两次走进同一条河流中去"时，还是承认"他们的关于变动的想法还是有某些道理的",只是对赫拉克利特的学生克拉底鲁的极端讲法,即涉足一次也不可能这样一种绝对虚无的观点提出了批评。亚里士多德认为"某物变动之前业已存在"。克拉底鲁的绝对虚无观点也是真正的辩证论者所坚决反对的。因此,列宁评论希腊哲学家们"最典型的特征就是处处都显露出辩证法的活的萌芽和**探索**"(《哲学笔记》,第416页),因此,列宁指出:"亚里士多德**处处**都把客观逻辑和主观逻辑**混合**起来,而且混合得处处都**显出**客观逻辑来。"(同上)

列宁认为黑格尔也是这样提问题的。因为黑格尔公开承认在赫拉克利特那里发现了新大陆,没有一个赫拉克利特的观点不被采纳到他的逻辑学中,而他对亚里士多德的赞颂,对亚里士多德关于生命辩证法的吸收,这是非常明白的事实。列宁认为黑格尔的主要东西就是把转化指出来,并分析了以转化为中心的三个环节,即对立面的"联系"、"转化"、"同一"。对立面的联系、转化、同一过程正是辩证运动自身的肯定、否定、否定之否定过程。

列宁关于辩证法历史发展的简述,正是我们对西欧辩证思维历史发展予以分析的指南,而我们的论述只不过是试图为列宁这个概述做一点历史资料的补充罢了。

列宁对辩证法历史的研究是十分重视的。他说:"要继承黑格尔和马克思的事业,就应当**辩证地**研究人类思想、科学和技术的历史。"(《哲学笔记》,第154页)这就是说,要研究哲学史,即人类思想、认识发展的历史;各门具体科学与技术发展的历史;智力与语言发展的历史。科学技术发展史说明诸客观运动形态的联系与过渡,它历史地论证了客观辩证法;智力与语言发展史说明从物质到思维的发展及其生理基础与表现形式,它历史地论证了主观辩证法;哲学发展史说明思维认识自身的历史发展,思维如何历史地反映现实,客观对象与主体思维如何辩证地统一,它历史地论证了客观辩证法与主观辩证法的统一，亦即辩证法、逻辑学与认识论的统一。只有经过这样一番研究，辩证法才不致流于形式的框架、僵化的公式。

研究辩证法绝不能依靠举例说明。列宁反对那种"对立面的同一被当作**实例**的总和……而不是被当作**认识的规律**（**以及**客观世界的规律）"（《哲学笔记》，第407页）。尽管恩格斯，例如在《反杜林论》里也这样做过，但这是为了"通俗化"。其实恩格斯也是不赞成靠举例来论证哲学原理的。他在《路德维希·费尔巴哈和德国古典哲学的终结》一书中，举例说明了马克思的历史观之后声明说：例子不能代替证据，而"证据只能由历史本身中提供"（《马克思恩格斯全集》第21卷，第351页）。只有历史本身提供的证据才能证明理论的正确性。例子对理论表述的危害在于：它缺乏逻辑的严格性与理论的概括性。这就是说，它没有上升到科学概念系统的高度。列宁非常重视概念的形成及其在科学中的重要地位，他在指出黑格尔关于"概念是不可抑制的"论点之后，批注说："非常正确而且重要——恩格斯用比较通俗的形式重复的正是这一点，他这样写道：自然科学家应当知道，自然科学的成果是概念，但巧妙地运用概念却不是天生就会的，而是自然科学和哲学两千年发展的结果。"（《哲学笔记》，第290—291页。参阅《马克思恩格斯选集》第3卷，第54—55页）因此，对辩证法进行历史的探索与概念的分析，是科学地研究辩证法的必由之路。我们研究辩证法绝不能再靠"僵化公式"+"具体例证"过日子了。

列宁在对辩证法做了一番简略地历史考察之后，提出"统一物之分为两个部分以及对它的矛盾着的部分的认识……是辩证法的**实质**（是辩证法的'本质'之一，是它的主要的特点或特征之一，甚至是它的最主要的特点或特征）。"（《哲学笔记》，第407页）这就是承认自然界、社会和精神各个领域一切过程都具有矛盾着的、对立的、互相否定的、互相排斥的倾向。而事物的发展、过程的更替是由于对立面的否定、排斥与斗争。应该指出：列宁的看法和我们在前面引证过的马克思、恩格斯的有关论述实质上是相通的、一致的。

列宁十分推崇马克思分析资本主义社会所使用的特殊方法，认为一般辩证法的阐述以及研究方法也应如此。他说："从最简单、最普通、最常见的等等东西开始；从任何一个**命题**开始，如树叶是绿的，伊万是人，哈巴狗是狗等等。在这里（正如黑格尔天才地指出过的）就已经有**辩证法**：个别就是**一般**。"（《哲学笔记》，第409页）列宁认为：从辩证法的观点而言，知性逻辑对一个判断的系词的辩证性质，它也是无法理解的。其实，单一的、个别的东西即主词，又同样地不是单一的、个别的东西，而是普遍的、一般的东西。因此，"单一＝普遍"、"个别＝一般"，从这里便可以看到十分深刻的辩证法。这说明，一般或普遍不是抽象的，不是可以脱离单一或个别而存在的。这种普遍性自身体现着特殊的东西的丰富性、具体性。列宁指出：在《资本论》中正是这样的，并认为"个别＝普遍"是一个绝妙的公式，好极了！

亚里士多德也意识到这一点。他问道："自一方面而言，如果脱离个别物就等于无，而个别不可胜数，那么，又如何可能获得关于这无穷的个别的知识呢？"他认为："我们得以认知一切事物，只是由于得知它们具有的某些统一性和同一性以及它们所共具的某种属性。"亚里士多德实际上也看到了个别与一般的辩证联系。他举例说："很明显在任何情况下不能设想一个抽象物；我们不能设想，在特殊的房屋之外还有一个什么房屋。"

于是，列宁进一步发挥了个别与一般的辩证法，做了七点概括，这是非常有价值的。

（1）个别物之间并不是孤立隔绝的，它们因有共性以及互为条件之处，因而个别必然与一般相联系而存在。

（2）一般不可能单独存在，必须从个别之中见一般。

（3）个别与一般有种属关系。

（4）个别可看成实体，一般可看成属性。

（5）一般从个别抽象出来，即从个别去其偶然，取其必然，因此，一般只能大致包括个别，从本质上反映个别。

（6）个别之中的偶然因素或属差不能列入一般之中。

（7）个别与个别之间的联系，不是简单的直接的，而是通过千万次转化推移的中间环节相互联系起来。

列宁历史地、辩证地分析一个极简单的主谓命题，便发现了个别与一般之间的辩证关系具有这样多的深刻的理论内容。因此，他总结道："可见，在**任何**一个命题中，好象在一个'单位'（'细胞'）中一样，都可以（而且应当）发现辩证法**一切**要素的萌芽，这就表明辩证法是人类的全部认识所固有的。"（《哲学笔记》，第410页）

列宁在这篇短文中，谈到的第二个问题是认识论问题。如果说，列宁在第一部分强调了对立面的问题，那么，第二部分则着重讲了否定之否定。这两部分原是一脉相承、难以截然划分的。

列宁试图分析哲学认识、辩证思维自身的历史发展规律，提出哲学上的圆圈问题。圆圈说乃否定之否定，即辩证运动全程、辩证法的根本规律的形象说法。

黑格尔在论述哲学认识运动时曾经说过，这种具体运动乃是一系列的发展，并非一条直线抽象地向着无穷发展，必须认作像一个圆圈那样，乃是回复到自身的发展。这个圆圈又是许多圆圈所构成；而那整体乃是许多自己回复到自己的发展过程所构成的。列宁说，黑格尔把哲学史比作圆圈是一个非常深刻而确切的比喻！还说：每一种思想＝整个人类思想大发展的圆圈（螺旋）上的一个圆圈。

所谓每一种思想是一个圆圈，就是说，每一种思想是一个过程，而整个人类思想大发展的圆圈，就是过程的复合体，过程新旧交替的发展系列。这个人类思想发展过程的交替，表现为唯心与唯物的斗争，形而上学与辩证法的斗争。这种斗争的结局并不是以一方彻底毁灭而告终，而是一个扬弃过程。

因此，哲学史上出现的唯心主义、形而上学，并非是完全没有根据的胡说，而是可以作为思想资料批判地加以继承的东西。唯心主义虽说是荒谬的，形而上学虽说是片面的，但在人类认识过程之中出现，却不是无稽的。

列宁指出："从粗陋的、简单的、形而上学的唯物主义观点看来，哲学唯心主义**不过是**胡说。相反地，从**辩证**唯物主义的观点看来，哲学唯心主义是把认识的某一个特征、方面、部分**片面地**、夸大地、überschwengliches（Dietzgen）发展（膨胀、扩大）为**脱离了**物质、**脱离了**自然的、神化了的绝对。"（《哲学笔记》，第411页）因此，人的认识不是直线，而是无限地近似于一串圆圈，近似于螺旋的曲线。脱离曲线的切线、片断，就可将人引导到唯心主义的泥坑。于是，列宁指出：直线性和片面性、死板和僵化、主观主义和主观盲目性就是唯心主义的认识论的根源。唯心主义乃是人类认识之树上一朵不结果实的花。（参阅《哲学笔记》，第411—412页）

列宁上述极其精辟的议论，正是我试图在这本小册子中加以体现的。它对我们批判唯心主义、捍卫唯物主义、发展我们的认识是极其有用的。我们有些人为了与唯心主义划清界限，简单地采取骂倒一切的态度，其结果不但唯心主义未被克服，相反地，却由于自己的片面与僵化而使自己陷入了真正的唯心主义。

列宁这篇短文的第二部分是第一部分不可缺少的补充与理论彻底化必然的归宿。有人片面突出第一部分而忽略第二部分，再加以又未能对第一部分真正历史、地辩证地加以理解与阐述，其后果是使列宁的辩证法思想半途而废，造成了日后很多无益的纷争。这种纷争除进一步造成混乱外，并无积极意义。

马克思和恩格斯创立的唯物的否定性辩证法，在列宁深湛的科学研究与胜利的革命斗争中，获得了进一步的确立与检验。

我们中国共产党人，找到了马克思主义、列宁主义，并使它与中国革命的具体情况相结合，这样就使我们的革命面貌为之一新。唯物的否定性辩证法的基本原则，在我们的经济、政治、军事等斗争中的运用，获得了极大的成功。这个成功集中表现在我们推翻旧中国、建立新中国这一震撼世界的伟大胜利中，同时也表现在社会主义革命和社会主义建设的巨大成就中。这些胜利，从哲学上讲，也可以说是唯物的否定性辩证法的胜利。

写完以后

这不是一本专著，只能说是一组随笔。

大约在四年前，在一次出版会议上我受邀写一本有关辩证法的历史发展的小册子，而且要尽可能通俗化。由于种种原因，迟迟未能动笔。最主要的原因是，由于我缺乏写作这样书籍的主观条件：我没有长期从事研究西欧哲学史的基本功，对辩证法又一知半解没有贯通，因此要完成这个任务是非常困难的。但想到既是我们事业的需要，只好勉为其难。

这本书既是"随笔"，则多属个人一点读史的感想，或诸家观点的摘抄，虽然我力图使我的论述尽量客观而连贯，但总难免有一定程度的主观性与片断性。我不自居正确，也不可能完全正确。如果别人从我的错误理解中受到启发，因而在学习辩证法的道路上迈进了一步，那么，我就觉得我的辛劳没有白费。

关于黑格尔的辩证法，由于它的历史地位以及它与马克思主义辩证法的血缘关系，是必须用足够的篇幅加以重点介绍的，其目的并不是要抬高黑格尔，而是为了更好地理解与钻研马克思主义辩证法。黑格尔的书，众所周知，是十分晦涩难懂的，再加以论述黑格尔的篇幅压缩到最低限度，因此，无论如何简明化、通俗化，总还是有一定难度的。何况我对黑格尔的理解连一个"半通"都谈不上。我虽反复修改了多遍，仍然很不理想，只好如此了。于此，我得重复恩格斯那句话：没有黑格尔当然不行！这就是说，要想深入了解唯物的否定性辩证法的理论内容，准确掌握辩证法的范畴与规律，必须懂得黑格尔。马克思、恩格斯、列宁就是这样做的。我认为，只要肯花时间而且又有耐心，黑格尔的书还是可以读懂、可以理解的。

各段之中多多少少写了一点可写可不写的东西，用意无非是想略为冲淡内容的严峻性，祈望能够更好地引起阅读时的兴趣。但是，这种作法未必是成功的。

当这壬戌复归之年，写出这种少儿式的习作，真有一点"向起点复归"的味道，但如能借此表达我对马克思辩证法的赤子般的忠诚，以及我对马克思逝世一百周年深深的怀念，那将是莫大的幸事。

萧焜焘

壬戌孟春前后

（1981—1982）